Agiles Arbeiten kurz erklärt.

Weil arbeiten auch anders gehen kann....

Fotonachweis Umschlag: Basierend auf (c) Santima.studio / Adobe Stock

Agiles Arbeiten wird in immer mehr Firmen eingeführt und gerne als Wunderheilmittel propagiert, da ein Großteil der erfolgreichen Technologiekonzerne und Startups aus dem Silicon Valley genau auf diese Arbeitspraxis setzen. Doch was steckt eigentlich dahinter? Was kann agiles Arbeiten wirklich leisten? Wo sind die Grenzen? Auf was ist in der Praxis zu achten? Und wie fängt man eigentlich am besten damit an? Jede Menge Fragen und das Angebot auf eine kurze Reise zur Beantwortung dieser mitzukommen.

Ziel des Buches ist es daher, einen möglichst vollumfänglichen Überblick zu den wesentlichen Aspekten und Methoden des agilen Arbeitens zu geben, ohne zu tief in die Details zu gehen. Am Ende sollst du in der Lage sein, beurteilen zu können, ob agiles Arbeiten für dich in Frage kommt oder eher nicht. Du sollst die Grundkonzepte verstanden haben, um zumindest grundsätzlich mitreden und dir eine eigene Meinung bilden zu können. Ein besonderer Fokus soll dabei auf Praxiserfahrungen und Fallstricken in der Umsetzung gelegt werden, da dies einerseits von großer Bedeutung ist und andererseits in der meist theorielastigen Literatur häufig zu kurz kommt. Daher richtet sich der Ratgeber primär an Neulinge der Thematik. Da ich mich bewusst kurzhalte, gebe ich dir in jedem Kapitel Literaturhinweise zur Vertiefung der einzelnen Themen. Verschiedene Kreativitätstechniken oder Methoden zur kreativen Durchführung von Workshops wirst du daher hier nicht finden, da dies meiner Meinung nach auch nicht der Kern agilen Arbeitens ist und es bereits viele großartige Bücher dafür gibt. Dieses Buch kann aber dein Startpunkt in die neue agile Arbeitswelt sein, dir das Wesentliche vermitteln und hoffentlich auch Lust machen, diese noch recht neue Arbeitsweise zumindest einmal auszuprobieren.

Um die oben genannten Ziele zu erreichen, möchte ich zu Beginn mit den Vorteilen des agilen Arbeitens starten. Schließlich ist es essenziell wichtig zu wissen, was die Arbeitsweise bringt bzw. bringen soll, bevor man sich näher damit beschäftigt. Mache also gleich den Check, ob es sich für dich lohnt, das Thema weiter zu verfolgen. Agiles Arbeiten ist viel mehr als eine Ansammlung von "neuen" Arbeitsmethoden. Es ist eher eine innere Einstellung, eine Haltung, wie man gut zusammenarbeiten kann und wie Motivation und innerer Antrieb entstehen. Dazu erfährst du mehr im Kapitel zum agilen Mindset. Methoden stellen dabei nur ein Mittel zum Zweck dar, um das agile Mindset in konkreten Arbeitsweisen oder Vorgehensweisen zu operationalisieren. Hier möchte ich mich auf eine Auswahl der am weitesten verbreiteten Methoden beschränken und das jeweilige Grundprinzip erklären. In Kapitel 4 werden dann Tools vorgestellt, mit denen sich die genannten Methoden leicht umsetzen lassen. Agiles Arbeiten wird meistens im Projektumfeld umgesetzt, wobei nun immer mehr Firmen diese Arbeitsweise auch für ihre Linienorganisation adaptieren. Wie man die klassische Hierarchie auflösen kann und so auch die gesamte Linienorganisation agil transformieren kann, erfährst du in Kapitel 5. In der Theorie läuft dabei natürlich immer alles wie am Schnürchen. In der Praxis sieht das zumeist dann aber doch anders aus. Auf welche Fallstricke du achten solltest und wie du mit verschiedenen Problemen umgehen kannst, erfährst du in Kapitel 6. Wenn du den Umgang mit den Herausforderungen gelernt hast, brennst du vielleicht schon darauf, die neuen Arbeitsweisen bei euch auszuprobieren. Was es beim Start zu beachten gilt, kannst du in Kapitel 7 nachlesen. Aus meiner Sicht gibt es aber durchaus auch Grenzen des agilen Arbeitens, also wann agiles Arbeiten sinnvoll ist und wann eben nicht. Dazu erfährst du mehr in Kapitel 8. Abschließend habe ich im letzten Kapitel noch einmal weiterführende Literatur und Links zusammengestellt, die dir bei der Vertiefung der hier behandelten Themen helfen können.

Inhaltsverzeichnis

1 Vorteile des agilen Arbeitens

Bevor man sich die Mühe macht die komplette Art und Weise, wie man arbeitet, umzustellen, sollte man sich das Warum klar machen. Die Umstellung auf eine agile Arbeitsweise ist zweifelsohne mit großem Aufwand verbunden. Daher gilt erst zu prüfen, ob die damit verbundenen Vorteile für das eigene Umfeld denn überhaupt von Bedeutung sind. Nur weil gerade gefühlt alle auf agiles Arbeiten umstellen, ebendies auch zu tun, ist ein denkbar schlechter Grund. Die Vorteile sind jedoch trotzdem zahlreich. Aus meiner Erfahrung heraus, schätze ich die folgenden dabei am meisten:

Erstens ist agiles Vorgehen ein probates Mittel für den Umgang mit komplexen Fragestellungen, die in unserer VUCA Welt immer häufiger auftreten. VUCA steht dabei für volatil, unsicher, komplex und mehrdeutig (Englisch ambigious). Hierbei ist es auch wichtig, sich den Unterschied zwischen kompliziert und komplex zu verdeutlichen. Während bei komplizierten Sachverhalten eine fundierte tiefer gehende Analyse helfen kann, Wirkungszusammenhänge aufzudecken und damit als Basis für die Ableitung eines Vorgehens (Plan) dienen kann, wird dies bei einem komplexen Problem nicht mehr weiterhelfen. Da sich bei einem solchen Thema u.a. die verschiedenen Einflussfaktoren gegenseitig bedingen und die Rahmenbedingungen sich sehr schnell ändern können, führt eine noch so gründliche Analyse nicht zu hinreichender Klarheit, um einen langfristig stabilen Plan ableiten zu können. In der Praxis wird aber leider trotzdem sehr gerne versucht, mit dem Mittel der Wahl für komplizierte Fragestellungen komplexe Fragestellungen lösen zu wollen. Damit hat man dann das sprichwörtliche „sich zu Tode analysieren". Beim agilen Vorgehen überlegt man sich im Prinzip das Ziel und was der erste Schritt dorthin sein könnte, um dann nach diesem die Lage neu zu bewerten und sich den nächsten Schritt zu überlegen. So hat man die Möglichkeit, aus dem ersten Schritt zu lernen und diese Erfahrungen zu berücksichtigen, ohne im Vorfeld den ganzen Weg bis zum Ziel analysieren und planen zu müssen. Wie man dazu in verschiedenen Bereichen und Situationen vorgeht, erfährst du in dem Kapitel zu den Methoden. An dieser Stelle ist erst einmal nur wichtig festzuhalten, dass man mit agilen Methoden komplexe Probleme besser lösen kann als mit einem herkömmlichen Vorgehen.

Ein weiterer Vorteil liegt darin begründet, dass man schneller erste Werte schafft. Nehmen wir mal ein klassisches IT-Projekt als Beispiel, um sich das zu verdeutlichen. Dort überlegt man sich sein Ziel, vergleicht den gewünschten Zustand mit dem heutigen und leitet dann daraus Anforderungen ab, die notwendig sind, um das Ziel zu erreichen. Dann schreibt man in der Regel ein Grobkonzept oder eine Vorstudie und im Anschluss ein Fachfeinkonzept, das auch noch das letzte technische Detail festlegt. Dann erst wird mit dem Programmieren begonnen. Das dauert in der Regel sehr lange. Beim agilen Arbeiten versucht man einerseits die Anforderungen vertikal zu schneiden und andererseits dies möglichst kleinschrittig zu tun. So entstehen im besten Fall sehr kleine Pakete, die leicht und schnell umsetzbar sind. Das bedeutet im Umkehrschluss, dass z.B. ein neues Computerprogramm oder -system erst einmal mit minimalem Funktionsumfang startet und dann schrittweise neue Funktionen hinzukommen. Als Beispiel könnte man sich einen neuen Onlineshop nur mit den allernotwendigsten Funktionen vorstellen, also z.B. Auflistung der Produkte und der Abwicklung des Bestellprozesses. Das sogenannte MVP (Minimum Viable Product), ein Produkt, das so rudimentär ist, dass es gerade noch Sinn macht und Nutzen stiftet. Schrittweise kann man dann zum Beispiel weitere Zahlungsmethoden, weitere Produktkategorien, zusätzliche Versandmöglichkeiten oder ein Kundenkonto hinzufügen. Anstatt also den finalen Ausbauzustand von Anfang an anzupeilen, startet man erst einmal mit dem kleinstmöglichen Produkt und entwickelt dieses fertig. Das hat den Vorteil, dass dieses deutlich weniger komplex ist als das finale Produkt und sich somit weniger Fehler einschleichen, welche dann auch schneller zu entdecken sind. Vor allem startet man aber viel früher und hat schon einen nutzbaren Wert geschaffen. Wenn man ein klassisches IT-Projekt in der Phase der Fachfeinkonzeption einstampft, hat man bis dahin nur Papier produziert, das keinerlei Nutzen stiftet. Ein weiterer positiver Nebeneffekt eines solchen frühen Starts ist, dass man aus dem Nutzerfeedback lernen und das beim weiteren Ausbau berücksichtigen kann.

Drittens möchte ich einen Punkt anführen, der vielleicht erst gar nicht so offensichtlich erscheint, aber sich in der Praxis aus meiner Sicht als einer der wichtigsten herausgestellt hat. Der Einfluss auf die

Mitarbeitermotivation. Menschen haben in der Regel das Bedürfnis, mit ihrer Arbeit etwas Sinnvolles zu kreieren und möchten geistig herausgefordert werden. Was hat das nun mit dem agilen Arbeiten zu tun bzw. warum ergeben sich aus dieser Arbeitsweise Vorteile? Das klassische Arbeiten geht mit langen Analyse- und Konzeptionsphasen einher. Das liegt nur den Wenigstens, macht nur bedingt Spaß und setzt ein langes Durchhaltevermögen voraus. Beim agilen Arbeiten wechseln sich kurze Analysephasen mit Umsetzungsphasen ab und man merkt unmittelbar wie das eigene Thema wächst. Das motiviert ungemein. Ein weiterer wesentlicher Punkt beim agilen Arbeiten ist, dass man den einzelnen involvierten Personen viel mehr Freiheiten und Freiräume gewährt, im Rahmen der definierten Anforderungen Lösungen zu entwickeln und somit selbst kreativ zu werden. Und genau das motiviert eben. Man arbeitet nicht stumpfsinnige Befehle ab, sondern ist aktiv in der Lösungsentwicklung in seinem Bereich eingebunden.

Als letzten größeren Vorteil möchte ich noch die Flexibilität herausstellen, welche auch schon in den vorherigen Absätzen angeklungen ist. Während man klassisch schon weit in die Zukunft geplant und damit das Vorgehen festgezurrt hat, ermöglicht ein Vorgehen in kleinen Schritten, sich schnell, falls nötig, an sich ändernde Gegebenheiten anzupassen. Stellt sich bei unserem Beispiel des Online Shops heraus, dass auf einmal viele Kunden zum Beispiel nach Apple Pay verlangen, kann man diese neue Anforderung schnell priorisieren und umsetzen. Man muss nicht warten, bis ein kompletter klassischer Projektzyklus durchlaufen ist, um diesen Aspekt dann in einem neuen Projekt einzusteuern. Umgekehrt kann sich mit der Zeit herausstellen, dass die eigenen Kunden kaum mehr „per Nachnahme“ als Versandart verlangen, und man kann das Thema so nach hinten priorisieren oder sogar ganz weglassen.

Abschließend lässt sich also festhalten, dass agiles Arbeiten richtig umgesetzt besser mit Komplexität umgehen kann, schneller echte Werte schafft, die Mitarbeiter motiviert und eine größere Flexibilität bietet. Jetzt ist es an dir zu entscheiden, ob dir diese Vorteile ausreichen, um den Weg in die neue Arbeitswelt weiterzugehen. Wie dieser Weg aussehen kann, erfährst du in den folgenden Kapiteln.

2 Das agile Mindset und Unternehmenskultur

Da es letztlich keine Instanz gibt, die final eine Definition festlegen kann, was das agile Mindset ist, gibt es auch nicht die eine Definition. Aus meiner Sicht ist das agile Mindset eine andere Haltung und andere Glaubenssätze, was Menschen antreibt und zu Höchstleistungen motiviert und wie Innovationen durch die Art der Zusammenarbeit gefördert werden können. Während früher und auch heute noch viel zu oft Druck als probates Mittel angesehen wurde bzw. wird, verfängt das bei den heutigen Wissensarbeitern nicht mehr oder führt sogar zum genauen Gegenteil. Unter großem Druck können nur die Wenigstens kreativ sein, was man aber wiederum braucht, wenn es darum geht, komplexe Probleme zu lösen. Was beispielsweise in der Produktion von Gütern vielleicht noch funktionieren mag, also Druck auszuüben, damit schneller gearbeitet wird, führt bei Wissensarbeitern meistens nur zu einer geistigen Blockade. Hinzu kommt auch noch das Problem, dass die einzelne Leistung des Mitarbeiters aufgrund immer komplexerer Aufgaben immer schwerer zu beurteilen ist, und so eine Kontrolle und eventuelle Sanktionierung immer weniger Sinn machen (wenn so etwas überhaupt jemals Sinn gemacht hat). Stattdessen setzt das agile Mindset aus meiner Sicht auf Vertrauen, dass jeder Einzelne einen positiven Beitrag im Rahmen seiner Fähigkeiten leisten möchte, dass geistig anregende Arbeit den Mitarbeitern Spaß macht und sie so aus freien Stücken das Beste geben. Zudem wird davon ausgegangen, dass Menschen gerne Verantwortung übernehmen, wenn sie entsprechende Rahmenbedingungen vorfinden und die notwendige Freiheit für eigene Entscheidungen besitzen. An die Stelle von Druck und Kontrolle treten damit Entscheidungsfreiheit, eigenverantwortliches Arbeiten und eine weitestgehende Selbstführung. Somit ist der Kern von agiler Arbeit viel mehr als eine Ansammlung von Arbeitsmethoden, sondern eher eine komplett andere Wertehaltung. Diese fließt daher auch als Basis in alle Methoden ein und ist quasi das Fundament, auf welchem diese aufbauen.

Dieses offene und positive Mindset der einzelnen Kolleginnen und Kollegen formt in Summe in einem wirklich agilen Umfeld eine ganz besondere partnerschaftliche Unternehmenskultur. Wie in Wikipedia zur Unternehmenskultur treffend formuliert „bildet jede Organisation eine Kultur heraus, die das kollektive organisatorische Verhalten und Verhalten von Individuen in Organisationen bestimmt. Sie ergibt sich aus dem Zusammenspiel von Werten, Normen, Denkhaltungen und Paradigmen, welche die Mitarbeiter kollektiv teilen. Durch die Kultur wird das Zusammenleben in der Organisation sowie das Auftreten nach außen hin geprägt." Anders formuliert kann man eine Unternehmenskultur als die ungeschriebenen Gesetze und Werthaltungen einer Firma verstehen, welche die Art und Weise der Zusammenarbeit festlegen.

Eine gute Unternehmenskultur sollte sich meiner Meinung nach durch gegenseitiges Vertrauen, Wertschätzung seines Gegenübers, Zusammenhalt, Hilfsbereitschaft, Respekt und Offenheit gegenüber Veränderung oder neuen Ideen auszeichnen. Schlussendlich gibt es aber nicht die eine richtige Unternehmenskultur. Vielmehr spielen in diesem Zusammenhang natürlich auch die eigenen Werte und die Rahmenbedingungen der Branche des jeweiligen Unternehmens eine starke Rolle, welcher Wertekanon als positiv oder geeignet empfunden wird. Dennoch lässt sich nicht leugnen, dass ein wertschätzender und fairer Umgang in allen Unternehmen möglich und förderlich ist. Das gibt den einzelnen Mitarbeitern z.B. die notwendige Sicherheit, auch mal etwas ausprobieren zu können, Fehler zu machen und daraus zu lernen. So entstehen Innovationen. Anstatt von Druck und Kontrolle sollten der Sinn der Arbeit, die gemeinsamen Ziele und der Beitrag jedes Einzelnen in den Vordergrund gestellt werden. Wenn allen die Werte der Firma bekannt sind und diese mitgetragen werden, braucht es auch weniger Regeln, da automatisch das Richtige getan wird. Das erhöht einerseits in starkem Umfang die Flexibilität, vermeidet aber auch den Frust mit bestimmten Regeln, die eben nicht in jeder Situation immer sinnvoll sind. Vereinfachend kann man sagen, dass sich Vertrauen in die Mitarbeiterinnen und Mitarbeiter langfristig auf jeden Fall auszahlt.

Vertiefende Literatur

- Dich interessiert, welche unterschiedliche Typen von Organisationsformen es gibt, wie sich diese historisch entwickelt haben, wie man diese klassifizieren könnte, durch welche Charakteristika sie sich auszeichnen und welche jeweiligen Stärken diese mitbringen? Die von Frederic Laloux in „Reinventing Organizations“ beschriebenen „Teal Organizations“ entsprechen dabei dem langläufigen Verständnis agiler Organisationen. Laloux geht in seinem Werk dabei detailliert auf die in dieser Organisationsform dominierenden Werte und deren Kultur ein und stellt dies anschaulich an real existierenden Firmen als Beispiele dar.

  ⇒ **Reinventing Organizations** – A guide to Creating Organizations Inspired by the Next Stage of Human Consciousness, von Frederic Laloux, erschienen bei Nelson Parker (2014)

- Dich interessiert, wie man den Entwicklungsstatus der eigenen Organisation evaluieren und wie man durch gezielte Personalentwicklung ein agiles Mindset fördern kann? Svenja Hofert setzt in ihrem Buch „Das agile Mindset“ genau darauf den Fokus, in dem sie detailliert die einzelnen Aspekte des agilen Mindsets definiert und charakterisiert und Methoden an die Hand gibt, um im eigenen Unternehmen in Gänze aber auch bei den einzelnen Mitarbeitenden deren Mindset zu analysieren. Darauf aufbauend gibt sie Hinweise, wie eine agile Transformation von Mitarbeitenden und Führungskräften sowie der gesamten Organisation aussehen könnte.

  ⇒ **Das agile Mindset** – Mitarbeiter entwickeln, Zukunft der Arbeit gestalten, von Svenja Hofert, erschienen bei Springer Gabler (2018)

3 Überblick zu den Methoden

Wie bereits im vorangegangenen Kapitel angeklungen, bilden das agile Mindset und die damit verknüpfte Unternehmenskultur das Fundament für die verschiedenen agilen Methoden. Sie stecken in gewisser Weise den Rahmen ab, innerhalb dessen sich verschiedene Management- bzw. Zusammenarbeitsmethoden bewegen können. Diese Methoden haben allesamt das finale Ziel, die Wettbewerbsfähigkeit zu steigern. Dies geschieht dadurch, dass diese Methoden den sich wandelnden Rahmenbedingungen besser Rechnung tragen können als ältere Methoden. Da dieser Wandel auch weitergeht, werden sich sicher auch die einzelnen Methoden weiterentwickeln oder ganz neue aufkommen, die wiederum den sich dann vorherrschenden Rahmenbedingungen besser gerecht werden. Umgekehrt bedeutet dies aber auch, dass vermeintlich alte noch vorherrschende Methoden in den Unternehmen nicht zwangsläufig schlecht sein müssen, wenn diese die Arbeit im unternehmensindividuellen Umfeld auf optimale Art und Weise zu strukturieren vermögen. Agile Methoden sind daher also nicht besser oder schlechter als andere Methoden und daher immer differenziert für die eigene Situation zu betrachten. Agile Methoden versuchen ein Hilfsmittel zu sein für Unternehmen, welche sich in einem zunehmend schneller wandelnden Marktumfeld befinden, welches ein schnelleres und flexibleres Agieren voraussetzt. Zudem versuchen die agilen Methoden Lösungsansätze für ein Vorgehen bei komplexen Problemstellungen zu bieten. Sie fördern zumeist auch eine interdisziplinäre Zusammenarbeit über „alte" nach Funktionen getrennte Abteilungsgrenzen hinweg und kommen besser mit vielseitigen und gleichzeitig wechselseitigen Abhängigkeiten zurecht. Darüber hinaus fordern die Mitarbeitenden insbesondere als Wissensarbeiter verstärkt selbstbestimmtes und sinngebendes Arbeiten. Auch diesem Aspekt versuchen diese Methoden stärker zu berücksichtigen.

Mittlerweile hat sich eine Vielzahl an verschiedenen agilen Methoden herausgebildet, von denen ich hier in diesem Buch die aus meiner Sicht aktuell wichtigsten kurz vorstellen möchte. Daher erhebe ich hier auch nicht den Anspruch auf Vollständigkeit. Vielmehr möchte ich den Bogen recht weit spannen und so für unterschiedliche Bereiche und

Aufgabenstellungen innerhalb eines Unternehmens Methoden vorstellen.

Zuerst möchte ich mit der Ausrichtung und Steuerung eines Unternehmens durch Ziele und Kennzahlen starten und dazu OKRs (Objectives and Key Results) vorstellen. Im Anschluss daran geht es mit einem kontinuierlichen Performance Management und Weiterentwicklung für die Mitarbeitenden auf Basis von CFRs (Conversation, Feedback, Recognition) weiter. Im sich anschließenden Kapitel zu den User Stories, Features und Epics wird eine neue Methode zur Beschreibung von Aufgaben und Anforderungen vorgestellt, die schneller vorzeigbare und nutzbare Ergebnisse liefern soll. Mit Kanban, SCRUM und SAFe stelle ich verschiedene Methoden vor, wie die zuvor in User Stories, Features und Epis beschriebene Arbeit auf agile Weise erledigt werden kann. Mit Design Thinking steht auch noch eine Methode auf dem Programm, die insbesondere zur Produkt- und Serviceentwicklung genutzt werden kann und den Besonderheiten dieser Aufgabe Rechnung trägt. Für eine weitere Sonderaufgabe, nämlich der Geschäftsmodellentwicklung, helfen das Business Model Canvas und das Value Proposition Canvas, wobei letzteres sich auf die Entwicklung eines klaren Nutzenversprechens fokussiert und so eine Vertiefung dieses Aspektes aus dem Business Modell Canvas darstellt.

Unternehmenssteuerung	OKRs
Mitarbeitersteuerung und -entwicklung	CFRs
Aufgaben- und Anforderungsbeschreibung	User Strories, Features, Epics
Arbeitsorganisation	Kanban
	SCRUM
	SAFe
Produkt- und Serviceentwicklung	Design Thinking
Geschäftsmodellentwicklung	Business Model Canvas Value Proposition Canvas

OKRs

Warum

Arbeiten ist in gewisser Weise wie Taxi fahren. Es hilft dem Fahrer ein Ziel zu nennen, um dort auch anzukommen, wo man hinmöchte. Wenn der Fahrer genau weiß, welches Ziel er erreichen soll, kann er sich als Experte dann Gedanken machen, wie er dort am besten hinkommt.

Das setzt allerdings voraus, dass man eben wirklich genau weiß, wo die Reise hingehen soll. Das mag jetzt banal erscheinen, aber in vielen Firmen ist eben nicht jedem wirklich klar, wo man hinwill und auf was man sich als Firma konzentrieren möchte. Viele unterschiedliche Studien haben eindrücklich in der Vergangenheit gezeigt, dass die Mehrheit der Angestellten die strategische Ausrichtung der eigenen Firma nicht genau erklären könnte. Dafür finden sich viele in einem andauernden nicht enden wollenden Zustand von ständiger Hektik und Betriebsamkeit, ohne das Gefühl zu haben wirklich voranzukommen. Willkommen im Hamsterrad! Irgendwie erscheint alles wichtig und dringend und genau damit ist am Ende gar nichts mehr wichtig. In solchen Momenten wäre es wohl viel zielführender, einen Schritt zur Seite zu machen und sich mit etwas Abstand und Klarheit auf das zu fokussieren, was wirklich zählt, alles andere bewusst nicht zu machen und dafür die wichtigen Dinge ordentlich und in Ruhe. Hier setzen die OKRs an, um Hilfe bei der Zielausrichtung und Fokussierung zu geben und in gewisser Weise den Prozess der Fokussierung zu formalisieren und institutionalisieren. Ganz nebenbei bringen sie auch noch so einige weitere überzeugende Vorteile mit. Aber alles schön der Reihe nach.

Definition und Beschreibung

Was bedeutet denn erst einmal die Abkürzung OKRs überhaupt. „Objectives and Key Results", zu deutsch also so viel wie „Ziele und Schlüsselergebnisse".

Objectives beschreiben dabei die Ziele eines Unternehmens, eines Teams oder des Einzelnen, welche im Fokus sind. Damit man wirklich von Fokus sprechen kann, sollte man sich auf den einzelnen Ebenen auf nur drei bis fünf Ziele beschränken. Darüber hinaus sollte eine Unterscheidung zwischen langfristigen, jährlichen Zielen und eher kurzfristigen, monatlichen bis quartalsweisen Zielen getroffen werden. Diese Ziele geben die Richtung der Unternehmung, des Teams oder für den Einzelnen für den gewählten Zeitraum an und beschreiben, was erreicht werden soll. Ein Ziel sollte laut John Doerr in seinem Buch „Measure what matters" bedeutend, konkret, handlungsorientiert und idealerweise inspirierend sein.

Key Results hingegen beschreiben, wie man zu einem Ziel gelangt, machen den Fortschritt transparent und messbar. Dazu ist es wichtig, dass diese spezifisch, fordernd aber realistisch und überprüfbar mit einem konkreten Zeitbezug formuliert werden. Sie sind daher eher mit Meilensteinen vergleichbar. Zu jedem Ziel sollten ein bis fünf Key Results abgeleitet werden, um den Zielerreichungsgrad quantifizierbar zu machen.

Als Betreiber einer Pizzeria könnte man sich zum Beispiel zum Jahresziel setzen, bei der gemessenen Kundenzufriedenheit zur besten Pizzeria der Stadt zu werden und das anhand der in der Tabelle beschriebenen Kriterien, sprich Key Results, überprüfbar zu machen.

Objective: Pizzeria mit **höchster Kundenzufriedenheit** in Mainz, zu erreichen bis Jahresende (aktuell Anfang des Jahres)
Key Result 1: Beste Bewertung der Kundenzufriedenheit aller Pizzerien in Mainz bei Bewertungsportal X
Key Result 2: Steigerung der der aktuellen Zufriedenheitsbewertung von 3,9 auf 4,5 Sterne bei Bewertungsportal X
Key Result 3: Erhöhung der Stammgastquote von 40 auf 50%. Als Stammgäste zählen Kunden, welche die Stempelrabattkarte nutzen

Sowohl das Ziel als auch die Key Results sollten unmissverständlich sein. An unserem Beispiel bedeutet das konkret, dass für unsere Pizzeria der relevante Markt eben die Stadt Mainz ist und innerhalb der Gastronomiebetriebe eben nur die anderen Pizzerien zählen. Legt man das nicht vorher fest, könnte der relevante Markt auch noch das Umland erfassen und es wäre am Ende des Jahres nicht klar überprüfbar, ob das eigene Ziel überhaupt erreicht wurde. Darüber hinaus zeigt sich hier auch, dass ein solches Ziel für eine Pizzeria durchaus erstrebenswert und je nach aktueller Ausgangslage sehr ambitioniert sein kann. Die Definition von mehreren Key Results hat den Vorteil, dass man genauer durch verschiedene Dimensionen den eigenen Fortschritt messen kann. Mehrere Key Results machen eine Messung auch robuster gegenüber Faktoren, auf die man keinen Einfluss hat. So könnten beispielsweise, aus welchen Gründen auch immer, die Pizzerien mit besseren Bewertungen schließen und man würde das Ziel gemessen an Key Result 1 also auch ohne eigene Anstrengungen erreichen. Durch die weiteren Key Results 2 und 3 wird dies ausgeschlossen. Im umgekehrten Fall wäre auch denkbar, dass man zwar Key Result 1 verfehlt, dafür aber deutliche Verbesserungen bei der Kundenbewertung und der Stammgastquote erfährt, so dass man in Summe trotzdem mit dem Erreichten zufrieden sein kann. Das Ziel wurde zwar nicht ganz erreicht, aber die Entwicklung geht spürbar in die richtige Richtung.

Abgrenzung zu Management by Objectives (MBOs)

Jetzt magst du einwenden, dass das doch alles bisher sehr nach „Management by Objectives" von Peter Drucker klingt. Bis hier gab es auch noch keine so großen Abweichungen, bis auf das Drucker nicht explizit das „Wie", also die Key Results, einfordert. Dennoch unterscheiden sich OKRs bei genauerem Hinschauen doch spürbar. Nach Doerr insbesondere dadurch, dass es nicht nur jährliche, sondern auch quartalsweise oder monatliche Ziele geben kann, was dem sich ständig beschleunigenden Wandel eher gerecht wird. Aus meiner Sicht ganz entscheidend ist, dass OKRs gegenüber MBOs (Management by Objectives) für alle transparent gemacht werden. So können jeder Kollege und jede Kollegin von jedem anderen die persönlichen Ziele sehen bis hin zur Geschäftsführung und natürlich der Firma als solche. Zudem sind OKRs nicht rein top down, sondern geben auch die Möglichkeit, zusätzlich in gewissem Umfang eigene Ziele zu definieren, die auf den Unternehmenserfolg einzahlen. Das fördert Innovationen, da häufig bestimmte Innovationschancen nur denen bekannt sind, die konkret an einer Sache arbeiten. Durch die Aufweichung des Top Down Ansatzes wird den Angestellten also eine größere Freiheit gewährt. Darüber hinaus werden OKRs und deren Erreichen auch nicht an die Vergütung und einen eventuellen Bonus gebunden. Vielmehr baut man hier stärker auf eine kontinuierliche intrinsische Motivation durch sinnstiftende Ziele und Arbeit an sich. Aus meiner persönlichen Erfahrung heraus fördert eine Kopplung von Zielerreichung und Bonus zudem das Silodenken und eine lokale Optimierung, anstatt eine abteilungsübergreifende firmenweite Zusammenarbeit zu fördern. Zudem führt eine Kopplung auch zu weniger ambitionierten Zielen, da man sich verständlicherweise den Bonus auch nicht entgehen lassen möchte. Aber in Studien konnte gezeigt werden, dass gerade solche ambitionierten Ziele zu einer höheren Motivation, Anstrengung und letztlich Leistung führen.

Vorteile

Auch schon durch die Abgrenzung zu „Management by Objectives" wurden einige Stärken der OKRs deutlich. Richtig angewendet fördern diese insbesondere den Fokus auf die wichtigsten Ziele und Initiativen der Firma und das dank deren Transparenz über alle Hierarchieebenen hinweg. Jeder oder jede Einzelne kann sofort den eigenen Beitrag zum Erreichen der Firmenziele sehen, was wiederum motiviert und inspiriert. Darüber hinaus wird die Ausrichtung an den gemeinsamen Unternehmenszielen über die Abteilungsgrenzen hinweg gesichert und Teamarbeit gefördert. Durch kontinuierliche Durchsprache der OKRs und deren Key Results wird sichergestellt, dass nicht nur einmal im Jahr über Ziele gesprochen wird, sondern kontinuierlich der Fortschritt gemessen wird und so zeitnah bei Bedarf gegengesteuert werden kann, falls die aktuellen Maßnahmen nicht greifen. Durch den ambitionierten Charakter der OKRs werden zudem Innovation und nicht nur ein schrittweiser Fortschritt gefördert. Laut Doerr unterscheidet zu diesem Zweck auch Google zwischen bestätigten Zielen, deren Erreichen zu 100% erwartet wird, und sogenannten Stretch Zielen, die besonders herausfordernd sind. Diese Stretch Ziele gehen mit einem höheren Risiko einher, wobei ein Scheitern durchaus in Kauf genommen wird. Man muss dazu allerdings beachten, dass diese Ziele so hochgesteckt sind, dass die Lösung für ein bestimmtes Problem komplett neu gedacht werden muss, da auf einem herkömmlichen bzw. dem bisherigen Weg das Ziel nicht erreichbar wäre. Beispielsweise könnte sich ein Autobauer zum Ziel setzen, einen Motor zu entwickeln, der 10% Treibstoff benötigt. Das könnte ein bestätigtes Ziel sein, um umweltfreundlicher zu werden. Den Charakter eines Stretch Zieles hätte aber eher die Forderung, einen komplett emissionsfreien Antrieb zu entwickeln. Auch wenn die Lösung damit nicht vorgegeben wird, ist schnell klar, dass das mit einer inkrementellen Fortentwicklung der bestehenden Antriebstechnik sehr wahrscheinlich nicht zu erreichen wäre.

Vorgehen

Ausgangspunkt für den Zieldefinitionsprozess stellt die Vision der Firma da, auf welche die jährlichen Unternehmensziele und deren Key Results einzahlen sollten. Diese werden dann gemeinsam vom Topmanagement beispielsweise Anfang des Jahres definiert und durch Etappenziele für das erste Quartal ergänzt. Danach kaskadieren diese Ziele schrittweise die Hierarchieebenen nach unten, also über Bereiche und Abteilungen bis hin zu den einzelnen Teams und deren Mitarbeiter, wobei die Key Results der nächsthöheren Ebene zu den Objectives der darunter liegenden werden. Wenn wir wieder das Beispiel mit der Pizzeria bemühen, bei dem die Geschäftsführung das Key Result 3 als „Erhöhung der Stammgastquote von 40 auf 50%; Als Stammgäste zählen Kunden, welche die Stempelrabattkarte nutzen" formuliert hat, könnte das z.B. für die Leiterin des Service bedeuten, dass dies ihr neues Jahresziel wird. Zu diesem müsste sie sich dann eigene Key Results also das Wie überlegen, auf welchen Weg sie dieses Ziel erreichen und messen möchte. Das könnte dann so aussehen:

Objective Leiterin Service: Erhöhung der Stammgastquote von 40 auf 50%. Als Stammgäste zählen Kunden, welche die Stempelrabattkarte nutzen, zu erreichen bis Jahresende (aktuell Anfang des Jahres)
Key Result 1: Befragung von 50 Kunden, was die Zufriedenheit allgemein und die Nutzung der Rabattkarte erhöhen würde
Key Result 2: Allen Kunden, die noch keine Rabattkarte haben eine anbieten. Mindestens 1000 neue Rabattkarten bis Jahresende an offene Kunden ausgeben.
Key Result 3: Zufriedenheit des Kunden am Ende des Besuchs immer erfragen und negative Rückmeldungen mit konkreten Verbesserungsvorschlägen an die Küche melden

Für einen Mitarbeiter im Service könnte wiederum das Key Result 1 der Leiterin des Service zum eigenen Objective werden, so dass er sich dafür neue Key Results überlegen kann. Da der Prozess aber nicht ausschließlich top down sein sollte und allgemeine Transparenz zu allen Zielen besteht, kann sich der Servicemitarbeiter auch weitere eigene Ziele überlegen, die dabei helfen können, das oberste Ziel der höchsten Kundenzufriedenheit zu erreichen. Die zusätzliche Freiheit fördert sowohl die Motivation, das bereichs- und hierarchieübergreifende Arbeiten als auch Innovationen. Nach der Definition der Objectives und Key Results sollte in regelmäßigen Gesprächen der Fortschritt bei den einzelnen Themen durchgesprochen werden. Dabei sollte es nicht in erster Linie um Kontrolle gehen, sondern den Mitarbeitern sollte die Möglichkeit gegeben werden, auf Hindernisse und Probleme hinweisen zu können, um so gemeinschaftlich und bei Bedarf über Teamgrenzen hinweg nach Lösungen zu suchen. Allen sollte bewusst sein, dass Fingerpointing nicht weiterhilft, da alle in einem Boot sitzen. Genau wie in einem Boot schafft man es nur gemeinsam im Ziel einzulaufen oder man geht eben auch gemeinsam unter. Anstatt Energie für die Suche von Schuldigen zu verschwenden, soll gegenseitige Hilfe gefördert werden, so dass auch andere einspringen können und sollen, wenn definierte Ziele oder Key Results in Gefahr sind.

Notwendige Voraussetzungen

Ohne die uneingeschränkte Unterstützung und Aufmerksamkeit des Top Managements macht eine Einführung von OKRs keinen Sinn, da sie sonst schnell zu einer ungeliebten Pflichtübung verkommen, bei denen einfach irgendwelche Templates möglichst schnell ausgefüllt werden, um sich wieder dem Tagesgeschäft zu widmen. Um wirklich die erhofften Vorteile und positiven Auswirkungen der OKRs zu erreichen, ist es notwendig, dass der OKR Prozess zu einer sehr wichtigen, wenn nicht sogar der zentralen Steuerungsgröße im Unternehmen wird.

Darüber hinaus empfiehlt es sich, einen klaren Verantwortlichen oder Kümmerer für den Prozess zu installieren, um den Zieldefinitionsprozess und die Erfolgsmessung zu begleiten und bei Bedarf die notwendige Qualität der Ziele einzufordern bzw. bei deren Erstellung zu coachen.

Eine nicht minder wichtige Voraussetzung für die erfolgreiche Implementierung des OKR Ansatzes ist die entsprechende Organisationskultur. Wenn, geprägt durch viele negative Erfahrungen und eine fehlende gesunde Fehlerkultur, allgemeines Misstrauen vorherrscht, können die regelmäßigen Gespräche zum Stand der Ziele schnell als verstärkte Kontrolle wahrgenommen werden und in solchen Unternehmenskulturen auch durchaus so gedacht sein. Dann verkehren sich die möglichen Vorteile und die Motivation der Mitarbeiter ganz schnell ins Gegenteil. In diesem Fall ist es eher empfehlenswert auf die Einführung von OKRs vorerst zu verzichten und erst an einer gesunden Unternehmenskultur zu arbeiten. Das kann durchaus auch bedeuten, einen Teil des bisherigen Managements austauschen zu müssen, falls keine Bereitschaft zur Veränderung oder Kompatibilität mit den neuen Werten besteht.

OKRs leben von der Transparenz über die gesamte Firma hinweg. Wenn bei kleinen Firmen mit wenigen Hierarchieebenen und insgesamt einer überschaubaren Zahl an Mitarbeitern die Objectives und Key Results z.B. in Excel noch übersichtlich erfasst werden können, empfiehlt sich für größere Firmen eine professionelle Software nur für diesen Zweck. Dazu gibt es mittlerweile einige spezialisierte Tools.

Welche davon am besten sind, hängt wie so oft von den individuellen Anforderungen ab.

Continuous Performance Management mit CFRs

Wie bereits in den vorangegangenen Kapiteln angeklungen, zielt agiles Arbeiten im Allgemeinen auf eine kontinuierliche Verbesserung und Feedbackkultur. Diese zeigt sich unter anderem in Formaten wie Retrospektiven (oder kurz Retros), kann aber auch auf der persönlichen Ebene durch ein Continuous Performance Management mit CFRs ergänzt werden. Die Abkürzung CFRs steht dabei für Conversations, Feedback und Recognition. Dies soll einerseits die persönlichen individuellen Leistungen verbessern helfen, aber auch andererseits Wertschätzung vermitteln, sowie regelmäßiger Anhaltspunkt bzw. Unterstützung für eine persönliche Weiterentwicklung bieten.

Die Bedeutung von C, F und R

Bei CFRs steht das C, wie bereits beschrieben, für Conversations und es wird darunter der regelmäßige Austausch zwischen der Fachkraft und seinem oder seiner Managerin verstanden. Das Ziel dahinter ist nicht nur der Austausch zum Stand des aktuellen Zielerreichungsgrades und der gemeinsamen Durchsprache von Handlungsoptionen. Darüber hinaus soll auch die persönliche Weiterentwicklung thematisiert werden und ein aktives Coaching stattfinden, um die individuelle Leistungsfähigkeit zu steigern. Das Gespräch findet dabei auf Augenhöhe statt und soll auch die Möglichkeit für beidseitiges Feedbacks bieten. Von der Frequenz her sind wöchentliche bis zweiwöchentliche einstündige Termine zu empfehlen, um die notwendige Tiefe zu gewährleisten und schnell auf eventuelle Abweichungen reagieren zu können. Solche Rücksprachen sind aus meiner Erfahrung auch in vielen nicht agilen Organisationen weit verbreitet. Der Unterschied liegt sehr oft aber darin, dass in agilen Organisationen nicht eine Kontrolle der Teammitglieder im Fokus steht, sondern Unterstützungsbedarf und Hilfe zur Selbsthilfe gegeben werden soll. Aus meiner Sicht sollte so etwas heutzutage aber auch eine gute klassische Führungskraft ausmachen.

Das F für Feedback schließt nicht nur ein einseitiges Feedback durch die Führungskraft ein, sondern auch umgekehrt durch das jeweilige Teammitglied. Darüber hinaus soll aber auch das regelmäßige Feedback zwischen Teammitgliedern und auch teamübergreifend gefördert werden, um letztlich alle Schnittstellen im jeweiligen Netzwerk in der Zusammenarbeit kontinuierlich zu verbessern. Nach Möglichkeit sollte dabei Feedback immer unmittelbar, direkt und offen, aber auch zwingend wertschätzend und respektvoll gegeben werden.

Ähnlich zu den OKRs stellt das Continious Performance Management mit CFRs eine Möglichkeit der Formalisierung und Institutionalisierung einer gesunden Feedbackkultur dar und knüpft damit an den von Frederic Laloux in seinem Buch „Reinventing Organizations“ postulierten in den meisten Personen stark verwurzelten Wunsch nach persönlicher Weiterentwicklung und Entfaltung an, der damit gefördert werden kann.

Recognition, zu deutsch Anerkennung, soll genau das in den regelmäßigen Austauschen zum Ausdruck bringen, um den Teammitgliedern ihren Beitrag zum Ganzen aufzuzeigen und diesen wertzuschätzen.

Epics, Capabilities, Features, User Stories

Bevor wir tiefer in die Methoden zur agilen Abarbeitung von Aufgaben einsteigen, betrachten wir hier erst einmal, wie diese Aufgaben überhaupt beschrieben werden. Das unterscheidet sich nämlich grundlegend vom klassischen Vorgehen. Zwar beschreibt man auch beim agilen Arbeiten erst das Übergeordnete und wird dann immer detaillierter. Allerdings versucht man beim Zuschnitt der Aufgaben immer vertikal von Anfang bis Ende einen Durchstich zu machen, so dass man mit jedem neu umgesetzten Arbeitsblock bereits für den Kunden neuen Nutzen schafft. Es ist wahrscheinlich anfangs etwas schwer zu verstehen, was damit eigentlich gemeint ist. Zur Verdeutlichung des klassischen Vorgehens kann man sich zum Beispiel den Bau eines Hauses vorstellen. Hier plant man erst bis ins Detail, startet dann den Bau mit dem Erdaushub, dem Keller, baut dann Schritt für Schritt den Rohbau usw.. Der Nutzen für den Kunden bzw. zukünftigen Bewohnern entsteht aber erst mit der finalen Fertigstellung des Hauses. Beim agilen Bau eines Hauses würde man daher anfangs nur das Notwendigste bauen. Vielleicht also den Keller und das Erdgeschoss. Diese Teile aber mit Innenausbau und allem Drum und Dran fertigstellen. So könnte der zukünftige Bewohner bereits früher einziehen und hätte zumindest mal eine sehr kleine Wohnung mit einem Keller. Damit wäre das das Minimum Viable Product (MVP), also die kleinste sinnvolle Version des Hauses. Beim Einzug fällt dem Bewohner dann auf, dass ihm am meisten eine Terrasse mit Vordach fehlt. Danach wäre vielleicht eine Garage noch sinnvoll, bevor als nächstes größeres Projekt das Aufstocken des Hauses ansteht. Bei diesem Beispiel werden sofort die Vorteile, aber auch Nachteile und Herausforderungen eines solchen Vorgehens unmittelbar deutlich. Einerseits generiert man u.a. schneller Nutzen, benötigt anfangs nicht so viel Geld, hat die Möglichkeit, im Verlauf die Planung noch anzupassen. Andererseits muss man gewisse bereits fertiggestellte Teile wieder anpassen oder modifizieren, was auch zusätzliche Ressourcen benötigt. Außerdem sollte man schon zu Anfang sein Zielbild zumindest grob im Kopf haben. Sonst hätte man den Keller wohl anfangs nicht bedacht und vielleicht nur das Erdgeschoss fertig gestellt. Nachträglich wäre das mit dem Keller dann schwer umsetzbar. Daher steht am Anfang beim agilen Arbeiten immer die Vision. Sie beschreibt in groben Zügen das in der Zukunft angestrebte Zielbild (z.B. ein mehrstöckiges Haus oder einen großen Bungalow) und soll helfen bei zukünftigen Entscheidungen die richtige Richtung einzuschlagen (z.B. Keller oder kein Keller). Neben der Orientierung wirkt eine solche Vision auch sehr motivierend, weil man immer sein langfristiges Ziel vor Augen hat und dies auch durch schwierige Zeiten (z.B. Probleme beim Bau) hilft, weil man das Warum für die Strapazen sieht. Dafür ist es aus meiner Sicht insbesondere wichtig, dass die Vision sehr bildlich, greifbar und prägnant formuliert ist und wirklich nutzenseitig vom Ende her gedacht ist. In unserem Fall eben das Haus in seiner schönsten vollendeten bewohnbaren Ausbauform. Bei anderen Projekten kann die Visionsformulierung durchaus schwerer sein. Zu empfehlen ist aber immer vom zukünftigen Nutzer aus zu denken. Ein Unternehmen kann sich als Vision vornehmen, seine Kunden wirklich zu verstehen, um diese mit individuellen, persönlich zugeschnittenen Leistungen zu begeistern. Dass man infolgedessen vielleicht ein CRM-System zum Kundenbeziehungsmanagement und eine Analyseplattform braucht, spielt erst einmal keine Rolle und die Systeme sind nicht die Vision! Um die Vision greifbar zu machen, ist es ratsam, sie durch Anwendungsfälle (Use Cases) zu konkretisieren. Zum Beispiel in meinem zukünftigen Haus möchte ich auch noch im Alter wohnen können (—> barrierefrei bauen). In meinem zukünftigen Haus möchte ich auch im Winter die Sonne genießen (—> Wintergarten oder große Fensterfronten). Ich möchte meine Kunden mit einer kleinen Aufmerksamkeit per Post zum Geburtstag überraschen (—> Geburtsdatum und Adresse nötig). Solche konkreten Anwendungsfälle helfen im späteren Verlauf sehr, um Designentscheidungen oder Entscheidungen bzgl. bestimmter Funktionalitäten zu treffen.

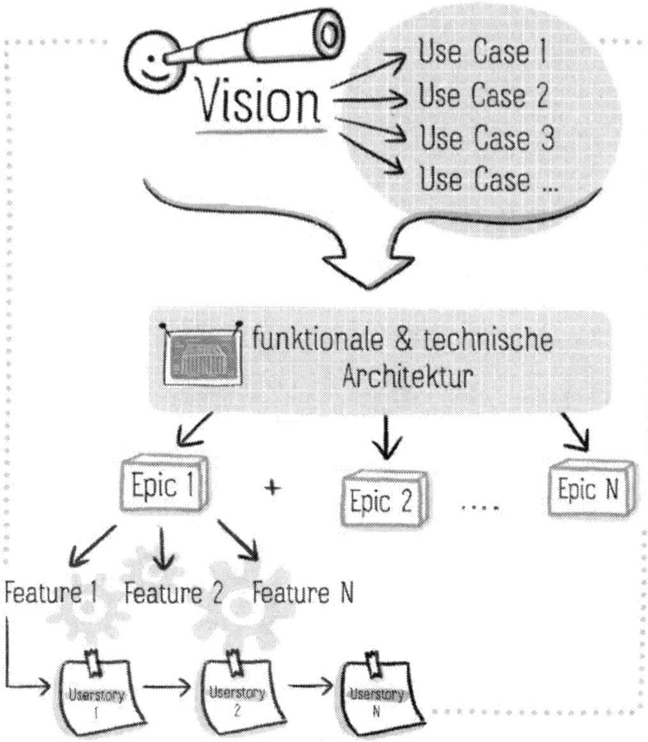

Wenn nun die Vision mit deinen Anwendungsfällen präzisiert wurde, gilt es daraus größere Arbeitsblöcke, sogenannte Epics, abzuleiten. Dabei handelt es sich um übergeordnete Initiativen über einen längeren Zeitraum, teilweise über mehrere Teams. Diese Initiativen stellen damit die oberste Aggregationsebene dar. Letztlich werden durch Epics oder weitere potenzielle Aggregationsebenen wie Capabilities und Features User Stories zusammengefasst. User Stories wiederum sind kurze Beschreibungen einer gewünschten Funktionalität mit dem Ziel, einen direkten Nutzen beim Kunden zu schaffen und der Möglichkeit, diese schrittweise umzusetzen. Beim Hausbau wird aber unmittelbar klar, dass der eigentliche Endnutzen (das Wohnen) mit dem ersten Schritt nicht erreicht werden kann. Daher unterscheidet man bei Stories (aber auch den anderen Aggregationsebenen) zwischen Business Stories, die unmittelbar Wert stiften und Enabler Stories, die die Voraussetzungen für zukünftige Business Stories bilden. Beim Hausbau könnte eine solche Enabler Story eben die Erschließung des Grundstücks mit einem Stromanschluss sein, ohne die der Bau nicht weiter voranschreiten könnte. Auch wenn man versucht, den Anteil der Business Stories so hoch wie möglich zu halten, wird man um Enabler Stories nicht herumkommen und nicht mit jedem Schritt dem Kunden einen Endnutzen bieten können. Die User Stories sollten dabei in der sogenannten User Story Voice geschrieben werden. „Als ein (Rolle) möchte ich (Aktivität), so dass (Nutzen)“ oder exemplarisch „Als ein zukünftiger Bewohner möchte ich mein Haus so absichern können, dass niemand Unbefugtes hineingelangen kann“. Hierbei wird auch ein weiteres Prinzip agilen Arbeitens deutlich. Man beschreibt nämlich nur, was man erreichen will, ohne aber bereits eine Lösung vorzugeben. Stattdessen hätte man in dem Fall auch schreiben können, dass man als Bewohner ein Haustürschloss haben möchte. So würde man aber im Voraus einige potenzielle, eventuell innovative Lösungswege ausschließen. Ein Wassergraben um das Haus mit Zugbrücke zum Herunterlassen ist vielleicht nicht die beste Alternative, aber es gibt genug Fälle, bei denen es eben diese Alternativen gibt. Und da sollte man sich nicht vorschnell den Weg verbauen, zumal auch in unserem Fall hier der Handwerker wohl schnell mit der Idee um die Ecke kommen wird, ein entsprechendes Schloss zu verbauen. Damit wären wir auch bei einem weiteren Prinzip des agilen Arbeitens. Die Entscheidungen sollen dort fallen, wo das Wissen ist. Als Bewohner weiß ich am besten, wie ich wohnen will und als Handwerker, welche Lösungen die Kundenbedürfnisse befriedigen. Das klingt wahrscheinlich erst einmal banal, aber wie oft entscheidet denn beim klassischen Arbeiten der Chef, obwohl der vielleicht gar nicht das Wissen dazu hat? Jetzt aber genug zur Beschreibung von Anforderungen. Es wird Zeit zu schauen, wie man das agil abgearbeitet bekommt.

Vertiefende Literatur

- Du möchtest mehr darüber erfahren, wie man agile Anforderungen am besten formuliert, wie man diese Anforderungen am besten managt, wie das auch bei sehr komplexen Fragestellungen angegangen werden kann, insbesondere wenn viele Teams an einem großen Thema arbeiten? Du möchtest wissen, was es in solchen Situationen zu berücksichtigen gilt. Für diese Fälle wirst du in diesem Sachbuch sicher Antworten finden:

  ⇒ **Agile Software Requirements** – Lean Requirements Practices for Teams, Programs, and the Enterprise, von Dean Leffingwell, erschienen bei Addison-Wesley Pearson Education (2011)

Kanban

Zentrales Element dieser Methode ist die Visualisierung des Arbeitsprozesses anhand einer Tafel, dem sogenannten Kanban Board, bei dem die einzelnen Aufgaben bis zur Fertigstellung verschiedene Spalten und damit Stati durchlaufen.
In der einfachsten Form hat ein solches Board drei Spalten, jeweils eine für unerledigte Aufgaben, sich in Arbeit befindende Aufgaben und abgeschlossene Aufgaben.

Bei Bedarf können aber auch weitere Stati wie „in Erprobung?“, „in

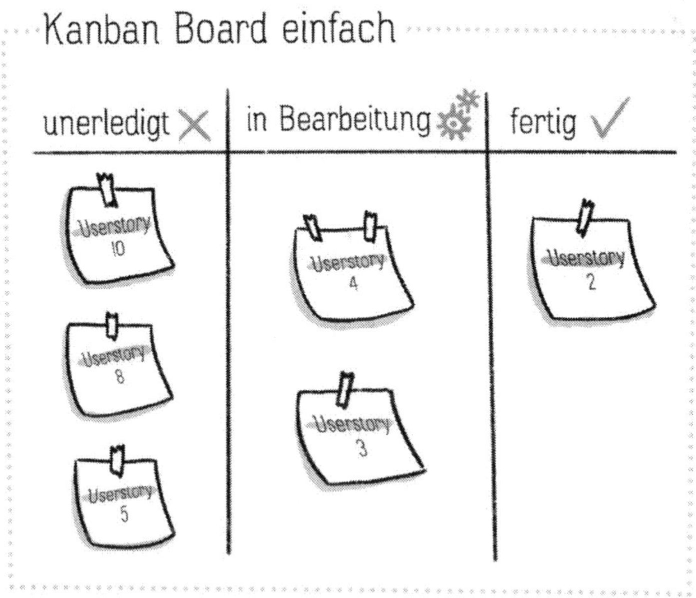

Abnahme“ oder ähnliches hinzugefügt werden, um einen detaillierteren Blick auf den Arbeitsfluss zu bekommen.

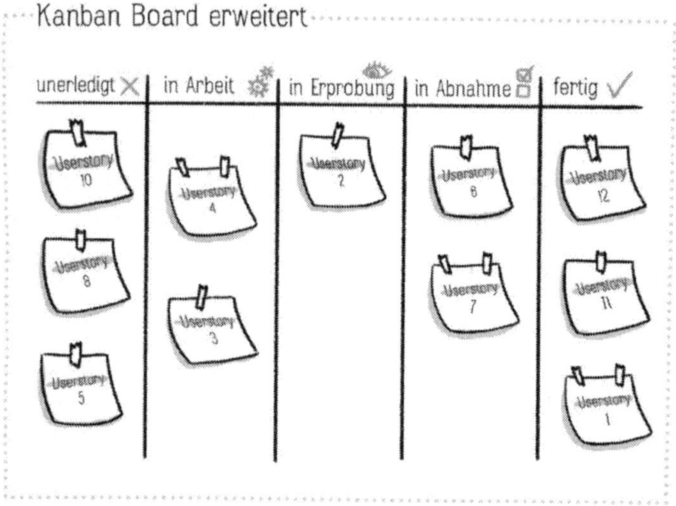

Selbstredend durchlaufen die Aufgaben dabei immer das Board von links nach rechts bis zur Fertigstellung. Ein solches Board lässt sich auch einfach für die unterschiedlichsten Arbeitsprozesse adaptieren. Während in dem von mir gewählten Beispiel die Spaltenüberschriften sehr generisch gewählt sind, kann dies bei ähnlich ablaufenden Arbeitsschritten auch deutlich konkreter benannt werden. So könnte man sich ein Vertriebsteam vorstellen, bei dem es mehrere Spalten für Kundenanfragen, Angebotskalkulation, Erstellung der Angebotspräsentation, Freigabe durch Vertriebscontrolling und Angebotsversand gibt. Ruft in einem solchen Fall ein Kunde bei dieser Firma an, um sich zum Status seiner Anfrage zu informieren, fällt es sehr leicht Auskunft zu geben, da die notwendige Transparenz unmittelbar besteht. Das von mir gewählte konkrete Beispiel zeigt aber auch, dass diese Transparenz auch über Teamgrenzen hinweg geschaffen wird, wenn man davon ausgeht, dass das Vertriebscontrolling ein separates Team ist. Da es häufig über Teamgrenzen hinweg an Kommunikation und Transparenz mangelt, kann Kanban als Methode genau diese fördern.

Einher geht mit dieser Methode auch das Pull Prinzip, bei dem sich die Mitarbeiter nach Abschluss bzw. Statuswechsel einer Aufgabe ein neues Arbeitspaket ziehen. Es wird dem Mitarbeiter also nicht eine neue Aufgabe zugeteilt, sondern er zieht sich selbstständig aus dem Board aus der linken Spalte eine weitere. Ein weiteres wichtiges

Merkmal ist die Festlegung einer Obergrenze für in Arbeit befindliche Aufgaben (Limit für Work in Progress: WIP). Das damit verknüpfte Ziel ist, dass Mitarbeiter immer nur mit einer bis zwei Aufgaben gleichzeitig beschäftigt sind und so ineffizientes Multitasking vermieden wird. Konkret kann das bedeuteten, dass beispielsweise maximal 3 Angebotskalkulationen gleichzeitig gemacht werden dürfen, da dafür z.B. nur 2 Mitarbeiter zur Verfügung stehen. In diesem Fall würde man dann für diese Spalte ein WIP Limit von 3 festlegen, was z.B. als kleine Zahl in Klammern für alle sichtbar hinter der Spaltenüberschrift ergänzt werden könnte.

Hiermit werden auch schon zwei wesentliche Vorteile von Kanban deutlich. Einerseits schafft die Visualisierung des Arbeitsprozesses die notwendige Transparenz, um schnell zu sehen, wenn der Arbeitsfluss ins Stocken gerät oder es zu Problemen kommt. So hat man die Möglichkeit einzuschreiten, die Probleme zu beseitigen und so den Arbeitsprozess zu optimieren. Durch das Limit der sich in Arbeit befindenden Aufgaben, setzt man den Anreiz, Arbeiten final abzuschließen, bevor neue Arbeitspakete begonnen werden. Ist das Limit an in Arbeit befindlichen Aufgaben erreicht, müssen diese erst fertig gestellt werden, bevor neue Tätigkeiten gestartet werden dürfen. Anstatt vieler halbfertiger Arbeiten werden begonnene Tätigkeiten erst zu Ende gebracht, ganz nach dem Motto „Höre auf anzufangen und beginne zu beenden!". Wenn dann die Arbeitspakete auch noch in agiler Form, wie im vorangegangenen Kapitel mit den User Stories, vertikal geschnitten werden, wird mit jeder so fertiggestellten Story für den Endkunden im besten Fall neuer Nutzen generiert. So erzielt man durch agiles Arbeiten eine Beschleunigung der Nutzengenerierung in zweierlei Hinsicht: Einerseits durch den Zuschnitt der Arbeit aber auch durch den schnelleren Durchlauf des durch Kanban optimierten Arbeitsprozesses.

Zur Unterstützung der Kommunikation, Abstimmung und um kontinuierlich Verbesserungen zu erzielen, ist es ratsam, rund um das Kanban Board flankierende Regeltermine zu etablieren. Einerseits sind sogenannte Daily Standups eine Möglichkeit, bei der täglich oder mehrmals wöchentlich alle mit der Abarbeitung der Aufgaben betrauten Personen zusammenkommen, um sich mit Hilfe des Boards zum Arbeitsstand, Problemen und Lösungsideen auszutauschen. Die Besprechung sollte dabei sehr fokussiert sein und nicht länger als 15 oder 20 Minuten dauern. Sinnvoll kann auch sein, den oder die Auftraggeber mit einzubeziehen, um kurze inhaltliche Fragen oder Richtungsentscheidungen zu klären. Darüber hinaus ist ein Refinement zu empfehlen, bei dem die Aufgaben inhaltlich besprochen werden, bevor sie in die Todo-Spalte zur Bearbeitung gegeben werden. So kann sichergestellt werden, dass beispielsweise von den Entwicklern bzw. zukünftigen Bearbeitern die schriftlich formulierten Aufgaben auch wirklich verstanden wurden. Prinzipiell gibt es allerdings keine festen Regeln, wie man Kanban zu implementieren hat.

Man kann und sollte sich aber von den sechs Kernprinzipien leiten lassen:

1) Klar definierte Regeln z.B. wann eine Aufgabe als erledigt gilt

   Um Diskussionen über die ordnungsgemäße Fertigstellung einer Aufgabe zu vermeiden, ist es hilfreich, anhand einiger Kriterien zu beschreiben, was die fertige Aufgabe alles beinhalten soll.

2) Vorgabe eines Maximums an parallel sich in Arbeit befindenden Aufgaben (Limit Work in Progress)

   Um einen schnellen Durchlauf eines Themas durch alle Spalten zu gewähren und einmal begonnene Aufgaben auch schnell zu beenden, ist das Setzen eines adäquaten WIP Limits wichtig. Was als adäquat zu erachten ist, hängt dabei immer vom Kontext und den zu erreichenden Zielen ab. Man kann hier aber auch mit verschiedenen Limits spielen, bis sich ein möglichst passgenauer Modus eingeschwungen hat.

3) Visualisierung der Arbeit bzw. des Arbeitsprozesses

   Um die Arbeitsschritte und den Arbeitsfortschritt transparent zu machen, ist ein für die eigenen Bedürfnisse angepasstes Kanban Board zu gestalten. In den bisherigen Beispielen bin ich immer nur auf die einfachste Form eines Boards eingegangen. Einige Arbeitsprozesse machen allerdings auch kompliziertere Boards nötig, auch wenn das leider auf Kosten der Einfachheit und Transparenz geht. So wäre es bei einem IT Entwicklerteam denkbar, dass bestimmte Aufgaben bei ihrem Auftreten unmittelbar prioritär behandelt werden müssen. Gibt es z.B. eine Fehlermeldung in einer Anwendung wie einem Webshop, welche den gesamten Shop lahmlegt, muss unmittelbar eingegriffen werden. Für solche Zwecke könnte man eine sogenannte Fastlane etablieren. In diesem Fall würde durch eine horizontale Trennlinie im Board ein neuer separater Bereich für zeitkritische Themen geschaffen. Immer wenn dort ein solches Thema eingesteuert wird, ruhen im Zweifel die Arbeitspakete aus dem weniger zeitkritischen Bereich. Themen sollten allerdings nur in Ausnahmefällen so hoch priorisiert werden, denn wenn alles höchste Priorität hat, hat letztlich nichts mehr wirklich Priorität. Zudem führt dieses Springen von Aufgabe zu Aufgabe genau zu dem Multitasking, welches ursprünglich vermieden werden sollte.

4) Fokus auf kontinuierliche Verbesserung des Arbeitsablaufes

Durch die Visualisierung des Arbeitsprozesses ist eine wesentliche Voraussetzung geschaffen, um die notwendige Transparenz für eine Verbesserung des Gesamtprozesses zu erzeugen. Einerseits wird klar, in welcher Spalte sich Arbeiten stauen, so dass man dort eingreifen kann. Man könnte den Arbeitsumfang in diesem Schritt reduzieren, falls dies möglich ist oder andernfalls die Kapazität an Mitarbeitern erhöhen, um den Gesamtprozess besser durchlaufen zu lassen. Zudem kann man die komplette Durchlaufzeit (Cycle Time) von Anfang bis Ende des Boards messen und bei Bedarf die WIPs in einzelnen Spalten adjustieren, um diese, wenn nötig, zu beschleunigen.

5) Implementierung von regelmäßigem Feedback

Ein wesentliches Ziel von Kanban ist zudem allgemein die Kommunikation zu fördern und durch Feedback kontinuierliche Verbesserungen zu erzielen. Zentrales Element dafür ist einerseits wieder das Kanban Board aber auch die verschiedenen Regeltermine, welche eine zusätzliche Möglichkeit bieten sollen, auf strukturierte Art und

Weise den Austausch unter den Kollegen zu fördern. So kommen im Daily alle am Prozess Beteiligten täglich zusammen, berichten über den Status ihrer Arbeitspakete und bieten so den anderen die Möglichkeit, auf eventuell damit verknüpfte Probleme hinzuweisen. Im Refinement, in dem Aufgabenpakete besprochen werden, bevor sie in den Kanbanprozess eingesteuert werden, können wiederum Hinweise gegeben werden, falls Aufgaben unverständlich sind oder anderweitige Herausforderungen bestehen. Ergänzend bietet es sich auch an, Retrospektiven zu planen, um sich dediziert Zeit zu nehmen, um wiederum weiteres Feedback einzuholen.

6) Eigenverantwortliches und selbstständiges Arbeiten auf allen Ebenen

Beim agilen Arbeiten soll, wenn möglich, immer das freie eigenständige Arbeiten ermöglicht werden. Bei Kanban wird dies insbesondere durch das Pull Prinzip deutlich. So können die Mitarbeitenden selbstständig neue Arbeiten ziehen, wenn sie eine abgeschlossen haben. Ferner werden auch keine Vorgaben gemacht, wie die Arbeit zu machen ist, sondern nur was als Ergebnis erwartet wird.

Neben den bereits erwähnten Vorteilen führt das stärker selbstbestimmte Arbeiten zu hoher Motivation. Da Kanban keine bestimmten Rollen vorschreibt, eignet es sich auch gut für noch klassisch aufgestellte Teams/Organisationen, welche sich hin zum agilen Arbeiten entwickeln möchten. Allerdings gibt es doch ein paar Voraussetzungen, damit eine Einführung von Kanban gelingen kann.

So sollten die Teammitglieder möglichst crossfunktional in ihren Fähigkeiten sein, so dass jeder einzelne jede Aufgabe zur Bearbeitung ziehen kann. Die Teammitglieder müssen die neue Arbeitsweise auch annehmen und zu eigenverantwortlichem Arbeiten auch gewillt und fähig sein. Da bei diesem Vorgehen allerdings keine genauen Aussagen getroffen werden können, wann z.B. mehrere zusammenhängende Arbeitspakete fertig gestellt sein werden, kann eine Umstellung auf SCRUM eine probate Alternative darstellen. Was es damit auf sich hat, erfährst du im folgenden Kapitel.

SCRUM

Ähnlich zu Kanban werden auch hier die Aufgaben in Form von Stories beschrieben und ein Board zur Visualisierung des Arbeitsfortschritts verwendet. Die wesentlichen Unterschiede resultieren aus einer strengeren Vorgabe von Rollen im Team auf der einen Seite und der Einführung von bestimmten Regelterminen auf der anderen Seite.

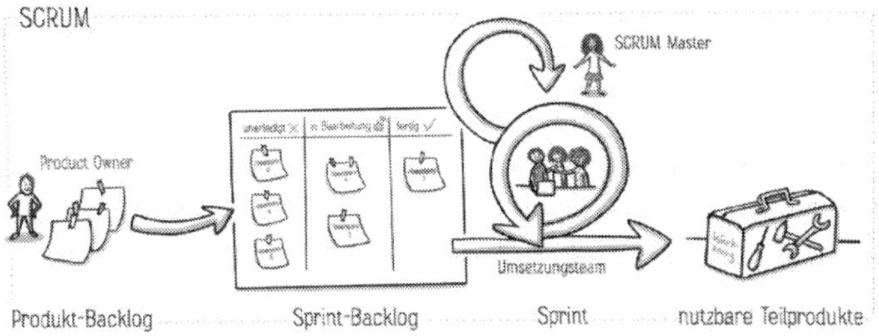

Rollen

So kennt SCRUM nur die drei Rollen Product Owner, SCRUM Master und Teammitglied, die zusammen ein Team der Größe von 7 (+/- 2) Personen bilden. Einen Projektleiter oder Teamleiter gibt es nicht mehr, denn dessen Aufgaben gehen auf die drei Rollen über.

Product Owner: So verantwortet, vereinfacht gesagt, der Product Owner, was gemacht wird. Er/Sie gibt also die Vision, die Strategie und die Arbeitspakete und deren Priorisierung vor, wobei er diese mit Unterstützung des Teams erarbeitet. Darüber hinaus stellt er den Kundenkontakt, eventuellen Vertrieb und die Kundenorientierung sicher, kümmert sich um die finanziellen Aspekte.

SCRUM Master: Zu den Aufgabenschwerpunkten des SCRUM Masters zählen wiederum die Frage, wie gearbeitet wird. Er/Sie sorgt also dafür, dass die Arbeitsprozesse möglichst rund laufen, die Arbeitsfähigkeit der Teammitglieder sichergestellt ist und das Team vor dem Zugriff von außen geschützt wird. Infolgedessen ist er/sie für den Verbesserungsprozess mit Retrospektive verantwortlich aber auch für das Beseitigen von Arbeitshindernissen, den sogenannten Impediments, unterstützt das Team und die einzelnen Teammitglieder in deren Weiterentwicklung, coacht zu Fragen der SCRUM Methodik, kümmert sich um Personalbeschaffung und damit verknüpfte Aufgaben und greift bei Bedarf moderierend in die Regeltermine ein.

Teammitglieder: Die Teammitglieder arbeiten weitestgehend selbstbestimmt, koordinieren sich selbst und stimmen sich innerhalb des Umsetzungsteams eigenständig ab. Während der Product Owner vorgibt, was umgesetzt wird, ist das Team frei zu entscheiden, wie es diese Ziele erreichen möchte und welche Lösungswege es dazu gehen möchte.

Der Sprint und Regeltermine

Das Team arbeitet dabei in Intervallen, den SCRUM Sprints, von wahlweise einer bis vier Wochen. Jeder Sprint beinhaltet als Regeltermine ein Sprint vorbereitendes Planning, regelmäßige Dailys und am Ende ein Review und eine Retrospektive. Parallel dazu können diese Termine durch ein Story Refinement ergänzt werden, um neue Storys in der Gruppe für zukünftige Sprints zu besprechen.

Planning: In diesem Termin, der Planungsrunde vor dem Start des Sprints, zieht sich das Team die nach Wichtigkeit und Dringlichkeit in eine Reihenfolge gebrachten Stories aus dem Backlog, welche sie glauben in dem Sprint von z.B. zwei Wochen umsetzen zu können. Diese Stories aus dem Gesamtbacklog bilden dann das Sprintbacklog für den kommenden Sprint. Zu den in dem Sprint aufgenommenen Stories gibt das Umsetzungsteam eine Umsetzungsgarantie (Commitment). Das Team entscheidet allerdings selbst, wie viele Stories es in den Sprint aufnimmt. Der Product Owner oder SCRUM Master können dazu keine Vorgaben machen und weitere Stories in den Sprint drücken. Nach dem erfolgten Commitment seitens des Umsetzungsteams zur Sprint Planung startet der Sprint. Während des laufenden Sprints gibt es keine Möglichkeit, dem Team weitere Stories oder Aufgaben zu übertragen. Somit soll sichergestellt werden, dass das Team ungestört arbeiten kann und so in der Lage ist, die selbst gesteckten Ziele zu erreichen. Häufig wird an dieser Stelle die Kritik an

SCRUM oder allgemein dem agilen Arbeiten laut, dass selbstgesteckte Ziele sicher nicht allzu ambitioniert ausfallen werden, weil man sich selbst keinem großen Druck aussetzen möchte. In der Praxis hat sich aber gezeigt, dass die Teams in der Regel einen sehr hohen Anspruch an sich selbst haben und dementsprechend die Ziele auch sehr fordernd ausfallen. Hier offenbart sich aber auch wieder das agile Mindset, das sich auch darin manifestiert, dass alle gewillt sind, mit ihrer Arbeit einen essenziellen Wert zu schaffen und das Eigenmotivation Druck von außen um Längen schlägt. Um die Stories weiter in einzelne Aufgaben herunterzubrechen, folgt auf das gemeinsame Planning mit dem Product Owner meistens noch ein teaminternes Planning.

Daily: Dieser Termin findet, wie der Name schon verrät, meistens täglich statt, kann aber auch bei Bedarf weniger häufig stattfinden. Dreimal die Woche ist bei einem Vollzeitteam allerdings schon zu empfehlen. Der Termin dient dazu, sich in 15 bis maximal 30 Minuten kurz über das Team hinweg zu synchronisieren. Zu diesem Zweck erzählt jedes Teammitglied, an was es seit dem letzten Daily gearbeitet hat, was es bis zum Folgetermin plant umzusetzen und, bei Bedarf, was es bei der Arbeit behindert. Dann können der SRUM Master oder andere Teammitglieder bei der Lösung helfen. Um eine Problemlösung auch nachzuhalten, bietet sich eine Impedimentliste an, welche die bestandenen und gelösten Hindernisse mit den für die Lösung verantwortlichen Personen dokumentiert.

Review: Nach Ablauf des Sprints stellt das Team dem PO und weiteren Interessierten die Ergebnisse des beendeten Sprints vor und lässt sich diese vom PO abnehmen, vorausgesetzt die Abnahmekriterien sind erfüllt und er/sie hat die Ergebnisse nicht bereits während des Sprints abgenommen. Da nach Möglichkeit mit jeder umgesetzten Story neuer Geschäftswert bzw. neue Funktionen realisiert werden sollen, bietet sich eine Demo dieser neuen Funktionen an, was deutlich anschaulicher ist. So kann nicht nur die korrekte Umsetzung überprüft werden, sondern auch, ob der damit verknüpfte Nutzen für die zukünftigen Anwender wirklich realisiert wurde.

Retrospektive: Ähnlich zu Kanban wird auch bei SCRUM kontinuierliche Verbesserung großgeschrieben und daher folgt nach dem Review eine Retrospektive, um die Erfahrungen positiver wie auch negativer Natur aus dem letzten Sprint zu rekapitulieren und gemeinsam Maßnahmen zur Verbesserung abzuleiten. Zu diesem Zweck wird häufig erst einmal gemeinsam ein Stimmungsbild des Teams als erstes Indiz für die Zufriedenheit mit der Zusammenarbeit eingeholt. Im Anschluss werden die Punkte gesammelt, die im abgelaufenen Sprint gut gelaufen sind und die man beibehalten möchte, bevor auf die verbesserungswürdigen Punkte eingegangen wird. Sind diese Punkte von allen Teammitgliedern eingesammelt, werden inhaltlich ähnliche Punkte moderiert vom SCRUM Master zu Themengebieten gruppiert. Für die gemeinschaftliche Ableitung von Verbesserungsmaßnahmen werden die Themencluster zuvor noch von den Teammitgliedern nach Wichtigkeit priorisiert, z.B. durch die Vergabe von Punkten seitens der Teammitglieder. Im Anschluss können Schritt für Schritt die Maßnahmen abgeleitet und Verantwortliche für deren Umsetzung bestimmt werden.

Dann startet mit dem nächsten Planning der nächste Sprint und das Prozedere beginnt von Neuem. So können im definierten Rhythmus vom Team kontinuierlich neue Aufgaben bearbeitet und Nutzen geschaffen werden.

Refinement: Um für folgende Sprints ausreichend Storys zu haben, müssen bei einem stehenden SCRUM Team vom Product Owner und oder ihn unterstützenden Business Analysten beständig neue Storys geschrieben werden. Um ein gemeinsames Verständnis der zukünftig zu erledigenden Aufgaben zu schaffen, dient das Refinement. Hier stellen der Product Owner oder die Business Analysten den Teammitgliedern ihre neuen Storys vor. Diese können dann Fragen stellen, der Storyzuschnitt kann diskutiert werden und dann können durch das Team Komplexität und/oder Aufwand der Storys geschätzt werden. Das Schätzen erfolgt häufig in Relation zu einer allen bekannten Referenzstory, was die Schätzung erleichtert. Anstatt den absoluten Aufwand zu schätzen, empfiehlt es sich z.B. durch Planungspoker nur relative Punkte zu schätzen. Dabei überlegen sich alle Teammitglieder, wie hoch sie die Komplexität oder den Aufwand einer Story einschätzen, behalten diesen Wert erst einmal für sich und decken gemeinsam den Wert auf ein Zeichen z.B. des SCRUM Masters auf. Daher auch der Name Planungspoker, weil alle ihre Karten erst zu einem bestimmten Punkt aufdecken. Das hat den Vorteil, dass keine gegenseitige Beeinflussung der Teammitglieder bei der Schätzung erfolgt. Daran anschließend erklären der- oder diejenige mit dem niedrigsten und dem höchsten Wert, was sie zu dieser Einschätzung hat kommen lassen. Die Argumente helfen dann dabei, die Sachlage besser einzuschätzen und fördern meist nach kurzer Zeit eine gemeinsame Einschätzung, welche vom ganzen Team getragen wird. Für die Einschätzung werden meist nicht alle Zahlenwerte zugelassen. Stattdessen wird eine Fibonacci Reihe (1, 2, 3, 5, 8,13, 21...) verwendet. Eine solche Reihe wird der Tatsache besser gerecht, dass mit zunehmender Größe eine Story weniger genau bzgl. Aufwand und Komplexität geschätzt werden kann. Wenn möglich, sollten einzelne Storys immer sehr klein geschnitten werden. Das Quantifizieren von Storys hat auch den Vorteil, dass man mit der Zeit ein Gefühl dafür bekommt, wie viele Storypoints in der Regel in einem Sprint abgearbeitet werden können, was wiederum die Planung erleichtert. Allerdings ist dabei zu beachten, dass vom PO oder SCRUM Master keine Vorgaben gemacht werden dürfen, wie viele Punkte in einem Sprint geschafft werden müssen. Die Anzahl der zu bearbeitenden Storys legt ausschließlich das Team fest.

Qualitätsstandards

Häufig kann das beschriene Vorgehen allerdings zu Diskussionen führen, einerseits, ob eine zu bearbeitende Story denn ausreichend beschrieben ist und andererseits, ob eine zu erledigende Arbeit denn wirklich fertig ist. So können für bestimmte Aufgaben Testdaten oder ähnliches eine notwendige Voraussetzung sein, um ein genaues Verständnis zu erlangen, was eigentlich entwickelt werden soll. Andererseits sollte eine entwickelte Lösung auch erst getestet werden, bevor diese als fertig gilt. Um Klarheit zur gegenseitigen Erwartungshaltung zu schaffen, empfiehlt es sich, diese in Form einer Definition of Ready (DoR) und einer Definition of Done (DoD) schriftlich festzuhalten.

DoR (Definition of Ready): Hier legen alle Rollen gemeinsam fest, welchen Mindestanforderungen alle Storys genügen müssen, damit diese bereit für eine Umsetzung sind. Diese Mindestanforderungen können vom Thema und den Rahmenbedingungen des Teams oder der Art der zu erledigenden Arbeit abhängen. Bei IT-Projekten gehören hier häufig u.a. eine vollständige Beschreibung in User Story Voice,

Testdaten, erfolgte Abstimmung mit den Fachbereichen bzw. Auftraggebern und eine durch das Team erfolgte Aufwands- oder Komplexitätsschätzung dazu. Letztlich können die Kriterien aber aufgrund der Rahmenbedingungen variieren und sollten gemeinschaftlich z.B. in einer Retrospektive erarbeitet werden.

DoR (Definition of Done): Hier wird nun analog zur DoR festgelegt, wann eine bearbeitete Story als fertig gilt. Auch hier sind die Kriterien wieder aus dem Kontext der zu erledigenden Arbeit heraus zu bestimmen. In der IT zählen häufig Punkte wie erfolgreich durchgeführte Tests zur Funktion, eine ausreichende Dokumentation des Programmcodes oder eine Kurzpräsentation der Arbeitsergebnisse für das Review dazu.

Da in Summe ein SCRUM-Team aber aus maximal 9 Personen besteht, ist offensichtlich, dass mit einem Team nur Themen bis zu einer gewissen Größe zügig umgesetzt werden können. Wie stellt man aber bei größeren Themen mit einer Vielzahl an Teams die Synchronisation dieser sicher, so dass alle z.B. an der Entwicklung einer neuen großen Plattform arbeiten können? Eine Möglichkeit dazu wäre das Vorgehensmodell SAFe (Scaled Agile Framework), welches mittlerweile recht weit verbreitet ist und im folgenden Kapitel näher beschrieben wird.

SAFe oder Scaled Agile Framework for Lean Enterprises

wurde von Dean Leffingwell begründet und ist heute eines der am weitesten verbreiteten Frameworks zur Skalierung des agilen Arbeitens und wird bezüglich der Methodik kontinuierlich von der Scaled Agile Inc weiterentwickelt. Theoretisch kann man damit seine Organisation komplett auf agiles Arbeiten umstellen.

In seiner einfachsten Ausbaustufe, dem Essential SAFe, werden im Wesentlichen mehrere Kanban oder SCRUM Teams zu einem Agile Release Train zusammengefasst. Dieser fungiert als übergeordnete Klammer um diese Teams und stellt eine ausreichende Koordination zwischen den Teams sicher. Zu diesem Zweck findet in einem Rhythmus von 8 bis 12 Wochen, welche ein Planungsinkrement (PI) bilden, eine Planung (die PI Planung) für das folgende Inkrement statt. Dazu kommen alle Teams, deren POs und SCRUM Master sowie das Produktmanagement und Stakeholder für ein bis zwei Tage in einer Konferenz zusammen. Zu Beginn werden die Vision, neue Epics und Features seitens des Produktmanagements und weitere übergreifende Themen vorgestellt, bevor sich die Teams einzelne Aufgabenpakete aus dem gemeinsamen Programmbacklog ziehen und damit beginnen, die kommenden Sprints grob zu planen. Ein großes Augenmerk wird dabei auf die Abhängigkeiten zu anderen Teams gelegt, welche in einem übergreifenden Board transparent gemacht werden. So wird die Möglichkeit geschaffen, die Planung in den einzelnen Teams daran auszurichten, dass notwendige Vorleistungen für andere Teams fristgerecht bereitgestellt werden. Darüber hinaus werden natürlich auch Risiken der Planung und des Vorgehens aufgezeigt und gegebenenfalls durch Verhinderungsmaßnahmen flankiert. Gegen Ende der ein bis zwei Tage wird noch das Commitment der einzelnen Mitarbeiter eingeholt und bei nicht ausreichendem Glauben in die übergreifende Planung, wird eine Umplanung angestoßen, bis ausreichend Rückhalt für die gemeinsame Planung besteht. Danach fahren die einzelnen Teams mit ihren eigenen ein bis vierwöchigen Sprints oder in Kanban fort und kommen erst wieder gegen Ende des Planungsinkrement für die System Demo (das Zeigen der erzielten Ergebnisse) und dem Inspect and Adapt (die Retrospektive auf Ebene des Agile Release

Train) in großer Runde zusammen. Um einen solchen Agile Release Train sinnvoll zu starten, sollte eine Größe von 50 bis 125 Personen gewählt werden. Bei einer geringeren Personenzahl lässt sich ein teamübergreifender Austausch noch einfacher und informell organisieren. Bei mehr als 125 Personen ist es sinnvoller einen Ansatz mit zwei ARTs zu wählen.

Bei mehreren Agile Release Trains kann wiederum die Synchronisation durch das Aufsetzen eines Solution Trains ermöglicht werden. Ergänzt man noch ein Portfoliomanagement, dass alle strategischen Themen und Initiativen der gesamten Firma steuert, dann gelangt man schlussendlich zur vollen Ausbaustufe des Full SAFe. Allgemein wird die Methodik von nicht wenigen Agilisten als zu formal und damit nicht mehr „richtig" agil angesehen. In meiner persönlichen Wahrnehmung ist sie aber für die Bearbeitung von größeren Themen ein gesunder Ausgleich zwischen möglichst großen Freiheiten der Einzelnen und den notwendigen, institutionalisierten übergreifenden Abstimmungen.

Vertiefende Literatur zu Kanban, SCRUM und SAFe

- Du möchtest den Themenblock der Arbeitsorganisation über User Stories, Features, Capabilities, Epics über Kanban und SCRUM auf Teamebene bis hin zur Organisation und Steuerung von mehreren Teams in größeren Programmen vertiefen und suchst dafür ein gutes Sachbuch. Im SAFe Reference Guide geht Dean Leffingwell nicht nur auf das von ihm entwickelte Framework SAFe ein, sondern erklärt auch anschaulich die anderen agilen Methoden, welche sich SAFe selbst zunutze macht.

  ⇒ **SAFe 4.5 Reference Guide** – Scaled Agile Framework for Lean Enterprises, von Dean Leffingwell, erschienen bei Addison Wesley (2018)

- Du möchtest insbesondere dein Wissen zum Thema SCRUM vertiefen, dich vielleicht auch zertifizieren lassen und suchst weiteres Material, dann empfehle ich dir mal die Homepage der Erfinder von SCRUM zu besuchen

  ⇒ **Scrum.org** – https://www.scrum.org

  ⇒ **SCRUM Guides** – The 2020 Scrum Guide, von Jeff Sutherland und Ken Schwaber, https://scrumguides.org

Design Thinking

Mit den User Stories, Features und Epics haben wir schon eine Methode zur Beschreibung von Aufgaben kennengelernt und mit Kanban, SCRUM und SAFe, wie man solche schrittweise abarbeiten kann. Design Thinking als weitere Methode oder Ansatz eignet sich insbesondere für die nutzerzentrierte Produkt- oder Serviceentwicklung und ergänzt insbesondere für diesen speziellen Fall die bereits vorgestellten Methoden und lässt sich auch mit diesen kombinieren.

Definition

Nach Wikipedia ist „Design Thinking ein Ansatz, der zum Lösen von Problemen und zur Entwicklung neuer Ideen führen soll. Ziel ist dabei, Lösungen zu finden, die aus Anwendersicht überzeugend sind. Design Thinking basiert auf der Annahme, dass Probleme besser gelöst werden können, wenn Menschen unterschiedlicher Disziplinen in einem die Kreativität fördernden Umfeld zusammenarbeiten, gemeinsam eine Fragestellung entwickeln, die Bedürfnisse und Motivationen von Menschen berücksichtigen und dann Konzepte entwickeln, die mehrfach geprüft werden." In diesen drei Sätzen stecken bereits viele wichtige Punkte drin, die im Folgenden genauer beschrieben werden sollen. Beginnen wir zunächst mit dem Ziel von Design Thinking und den damit verbundenen Vorteilen, um im Anschluss daran mit den Prinzipien des Ansatzes dessen Wesen zu ergründen. Dann werde ich detaillierter den Design Thinking Zyklus vorstellen, also wie man eine sogenannte Design Thinking Challenge bzw. Fragestellung schrittweise bearbeitet. Darüber hinaus werden auch noch die notwendigen Voraussetzungen bzw. Rahmenbedingungen skizziert, die für ein Design Thinking erfolgsentscheidend sein können.

Warum und Vorteile

Es gibt zahlreiche gute Gründe Design Thinking für die Entwicklung neuer Lösungen einzusetzen. Aus meiner Sicht sind allerdings die folgenden drei am wichtigsten:

1. **Echte Innovationen:** Innovationen entstehen häufig an Schnittstellen zu anderen Bereichen, also durch die Kombination von verschiedenen Technologien, die Anwendung

bestimmter Technologien in einem neuen Kontext, durch neue oder stark verbesserte Technologien, die auf einmal vollkommen neue Anwendungsfälle ermöglichen. Innovationen setzen allerdings auch nicht immer neuartige Technologien voraus, wohl aber ein neues Vorgehen, um ein Grundbedürfnis zu befriedigen oder ein Ziel zu erreichen. Design Thinking will dabei helfen, den kreativen Prozess zur Identifikation und Ausgestaltung solcher neuen Innovationen zu unterstützen, um so die Wahrscheinlichkeit zu erhöhen, wirklich bahnbrechende Lösungen zu entwickeln. Dazu setzt Design Thinking u.a. auf interdisziplinäre Zusammenarbeit und gibt den notwendigen kreativen Freiraum. Damit verfolgt Design Thinking einen deutlich radikaleren Ansatz als nur die schrittweise Verbesserung von bestehenden Produkten und ergänzt auch so klassische Marktforschung sehr gut, die sich insbesondere für die Weiterentwicklung von Bestehendem eignet. Hätte man die Leute vor der Erfindung des Automobils durch Carl Benz 1886 nach ihren Wünschen gefragt, dann hätten Sie sich wahrscheinlich schnellere Pferde gewünscht. Durch die Zusammenarbeit verschiedener Disziplinen können aber neuartige Lösungen entstehen, die zum Beispiel das Grundbedürfnis nach Mobilität auf eine völlig andere Art und Weise lösen.

2. **Kundenzentrierung:** Die schönste Lösung taugt nichts, wenn sie keiner braucht, es also aus Kundensicht kein echtes Bedürfnis danach gibt. Manchmal einfach, weil aus Kundensicht das Problem gar nicht so schwerwiegend ist oder es schlichtweg überhaupt gar keines darstellt. Design Thinking stellt den zukünftigen Nutzer daher ins Zentrum und versucht sich in dessen Lebenswirklichkeit hineinzuversetzen. Dazu braucht es viel Empathie für die Wünsche und Probleme der im Fokus stehenden Zielgruppe. Design Thinking stellt dafür eine Menge an Methoden bereit, um sich besser in die Situation der Nutzer hineinzuversetzen. Zum Beispiel ist es als junger Mensch gar nicht so einfach, sich in jemanden älteren hineinzudenken, und zu erahnen, welche Wünsche und Vorstellungen eine solche Person hegt. Darüber hinaus wird schon in einem sehr frühen Zeitpunkt das kontinuierliche

Feedback zukünftiger Nutzer eingeholt, womit wir auch schon beim nächsten großen Vorteil sind.

3. **Fail Fast und Kosten:** Schon in sehr frühen Phasen der Lösungsentwicklung stellt man diese als Idee, Mockup oder Prototyp potenziellen Kunden vor, um sich ein Feedback zur Lösung einzuholen. Das führt dazu, dass man Verbesserungsideen in einem Stadium der Produktentwicklung einholt, wo diese noch ohne größeren Aufwand realisierbar sind und man so Kosten sparen kann. Noch viel wichtiger ist aber, dass dieses Vorgehen auch deutlich dabei hilft Marktflops zu vermeiden, da man dadurch schnell merkt, ob die eigenen Ideen überhaupt bei der Zielgruppe ankommen und ob es sich lohnt, diese weiterzuverfolgen. Also „Fail fast and often!“ Merkt man erst bei der Produkteinführung, dass man auf das falsche Pferd gesetzt hat, ist das in der Regel mit enorm hohen Kosten verbunden. Auch hier bietet Design Thinking eine Vielzahl von Möglichkeiten, um die eigenen Ideen in einem solchen frühen Stadium zu erproben.

Unerwähnt sollte an dieser Stelle natürlich auch nicht bleiben, dass Design Thinking echt Spaß macht, wenn man im Team neue und manchmal auch recht verrückte Lösungen entwickelt.

Prinzipien

- **Nutzer- bzw. Kundenzentriert:** Das heißt Design Thinking stellt bei allen seinen Überlegungen den Menschen und seine Bedürfnisse in den Mittelpunkt.

- **Nutzt Prototypen zum Experimentieren und Entwickeln:** Um schon in frühen Phasen Nutzerfeedback einholen zu können und die zukünftige Lösung erlebbar zu machen, werden Prototypen entwickelt, von beispielsweise anfänglich einfachen Papiermodellen bis hin zu ausgereifteren Prototypen in späteren Phasen.

- **Setzt auf multidisziplinäre Teamarbeit:** Zum Lösen der häufig komplexen Probleme setzt Design Thinking auf die Zusammenarbeit von Teammitgliedern mit unterschiedlichem Expertenwissen.

- **Geht iterativ vor:** Um kontinuierlich neue Ideen zu entwickeln, zu hinterfragen, Alternativen auszuloten und Nutzerfeedback einzuarbeiten, geht Design Thinking schrittweise vor, wobei durch jeden Schritt sich das Team der finalen Lösung nähert.
- **Kombiniert divergierendes und konvergierendes Denken:** Design Thinking nutzt divergierendes Denken, um das potenzielle Lösungsspektrum anfangs möglichst weit aufzufächern, um nicht vorschnell unkonventionelle Ideen auszuschließen. Im weiteren Verlauf wird dann der Lösungsraum durch konvergierendes Denken zunehmend verengt, um sich durch ein strukturiertes Bewerten der Lösungsalternativen, auf die vielversprechendsten Lösungsansätze konzentrieren zu können.

Design Thinking Challenge

Die Design Thinking Challenge ist der Ausgangspunkt eines Design Thinking Projektes und beschreibt die Aufgaben- bzw. Problemstellung. Sie dient dazu ein gemeinsames Verständnis der Fragestellung im Team zu schaffen. Sie steckt den Rahmen für die Lösungsentwicklung ab und sollte weder zu eng noch zu weit gewählt werden, um einerseits den Fokus des Teams zu wahren und andererseits den Raum für echte Innovationen zu bieten. Je nachdem wie weit man diesen Rahmen spannt, lässt man radikalere Lösungen zu oder eben auch nicht. Außerdem sollte man auch nicht schon durch die Definition der Fragestellung bestimmte Lösungen von sich aus ausschließen. Um das zu vermeiden, sollte man immer nach dem Was fragen, also was der Kunde sich wünscht und nicht nach dem Wie. Das würde nämlich schon einen bestimmten Lösungsweg implizieren. Die folgenden Fragetechniken berücksichtigen das direkt und können so dabei helfen, eine gute Challenge zu definieren.

- Eine Challenge lässt sich in der bereits vorgestellten **User Story Voice** beschreiben:
  - ⇒ „Als ein <Rolle> möchte ich <Wunsch, Aktivität, Ziel>, um zu <Nutzen>“ definieren

- Alternativ kann man sie z.B. auch in in Form der sogenannten **Design Challenge Formulierung** definieren:

⇒ „Denke / Gestalte <Thema> für <Nutzer> neu.

- Beispiel in **User Story Voice**:
  ⇒ Als ein privat Reisender wünsche ich mir eine einfache und intuitive Möglichkeit, um Unterkünfte zu recherchieren und zu buchen

- Oder umformuliert als **Beispiel** in der **Design Challenge Formulierung**:
  ⇒ Gestalte die Unterkunftssuche und -buchung für privat Reisende neu und dabei einfach und intuitiv.

Da ein Satz für die Beschreibung einer Challenge nicht ausreicht, gilt es im Anschluss den Rahmen für die Challenge durch die Beantwortung verschiedener Fragen weiter abzustecken, um den potenziellen Lösungsraum zu definieren.

- Warum ist das Problem ein Problem?
- Wer nutzt die potenzielle Lösung?
- Was ist das dahinterliegende, zu erfüllende Bedürfnis?
- Womit bzw. mit welchen verfügbaren Ressourcen sind mögliche Lösungen zu erarbeiten?
- Wer sonst bietet schon Alternativen oder tritt als Konkurrenz auf?

Dabei bietet es sich an, die Challenge bereits in einem gemeinsamen Workshop zu erarbeiten und zu konkretisieren, um so bereits zu Beginn ein gemeinsames Verständnis zu der zu bearbeitenden Fragestellung zu fördern.

Wenn die Aufgabenstellung klar umrissen ist, kann mit dem eigentlichen Design Thinking Zyklus gestartet werden.

Design Thinking Zyklus

Der Design Thinking Zyklus ist ein iterativer Prozess, der sich an dem Vorgehen von Designern bei deren Arbeiten anlehnt, wobei viele Ideen entwickelt und geprüft werden, Nutzerfeedback eingeholt wird,

Prototypen gebaut und wieder verworfen werden, bis am Ende eine möglichst passende Lösung für das vorher definierte Problem entwickelt wurde. Dabei unterscheidet Design Thinking zwischen dem Mikro- und dem Makrozyklus. Der Mikrozyklus beinhaltet verschiedene Aufgabenschritte, welche in den einzelnen Phasen des Makrozyklus durchgeführt werden können. Allerdings müssen auch nicht immer alle diese Schritte in jeder Phase des Makrozyklus durchlaufen werden.

Design Thinking Makrozyklus

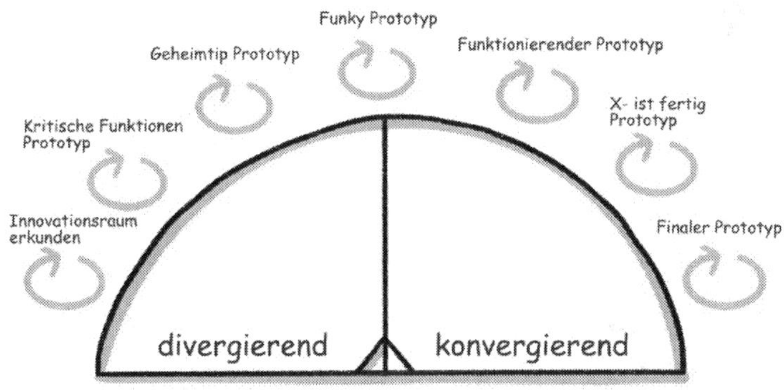

Grafik angelehnt an Design Thinking Makrozyklus der Universität St.Gallen (Brenner et al. 2016)

Der Makrozyklus unterteilt sich in eine anfängliche divergierende und in eine konvergierende Phase mit jeweils mehreren Iterationen des Mikrozyklus. In der divergierenden Phase wird eine Vielzahl an Ideen durch verschiedenste Kreativtechniken generiert und in Form von Prototypen mit potenziellen Nutzern erprobt. Hier geht es primär darum, die Problemstellung komplett zu durchdringen, viele Ideen zu generieren und die Vision der Lösung zu konkretisieren. In der sich anschließenden konvergierenden Phase wird die zuvor herausgearbeitete Vision der Lösung und die favorisierte Idee fortwährend konkretisiert, mit Hilfe von weiteren Prototypen z.B. die wichtigsten Funktionen und verschiedene Ideen dazu getestet und kontinuierlich Nutzerfeedback eingeholt, bis die finale Lösung steht.

Design Thinking Mikrozyklus

Der Mikro Zyklus wird zumeist in 6 Schritte unterteilt, wobei hin und wieder auch in der Literatur die Phasen 2 und 3 als eine einzige zusammengefasst werden.

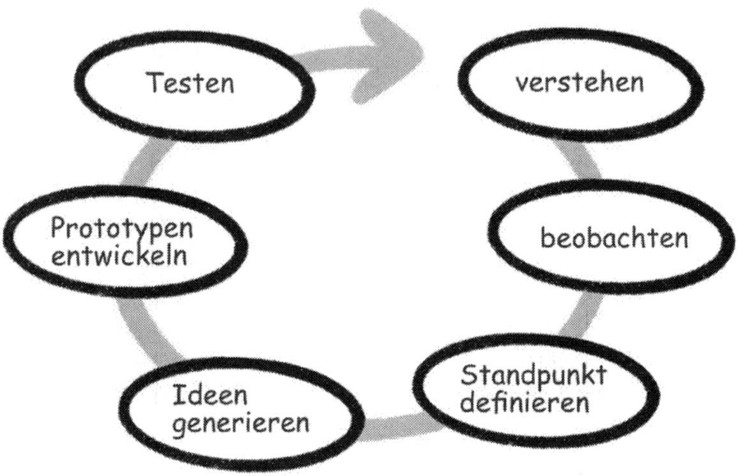

Eigene abgewandelte Darstellung, angelehnt an Micro Cycle aus The Design Thinking Playbook (Lewrick et al. 2018)

1. **Verstehen:** In dieser Phase gilt es, ein gemeinsames Verständnis der Fragestellung zu erlangen und dabei Wissen, Meinungen und Assoziationen im Team auszutauschen, um so alle auf den gleichen Stand zu bringen. Darüber hinaus werden die zugrundeliegenden Bedürfnisse der Nutzer stärker beleuchtet und herausgearbeitet, ohne bereits Lösungen vorwegzunehmen.

2. **Beobachten:** In dieser weiteren Phase geht es darum, Empathie mit dem Nutzer zu entwickeln, um sich besser in diesen hineinversetzen zu können. Zu diesem Zweck können z.B. typische Nutzer in Form von Personas geschaffen werden. Dazu werden Nutzerprofile in Form einer realen Person mit

verschiedenen Merkmalen wie Beruf, Alter, Geschlecht, Hobbys, Ausbildung, Wohnort beschrieben und wie deren Bedürfnisse, Wünsche durch bereits vorhandene Lösungen erfüllt werden. In diesem Rahmen werden zahlreiche Annahmen getroffen, welche im direkten Gespräch oder Beobachtung von Vertretern solcher Nutzer bestätigt oder auch korrigiert werden.

3. **Standpunkt definieren:** Hier gilt es, die aus den beiden vorangegangenen Phasen gesammelten Informationen zu einer 360 Grad Sicht bzw. einem Standpunkt zu konsolidieren, um diesen als Ausgangspunkt für die anschließende Ideenfindung zu nutzen. Hierzu werden Muster in den Kundenbedürfnissen erkannt, dahinterliegende Motive identifiziert, diese aus verschiedenen Blickwinkeln betrachtet, Chancen identifiziert und die wichtigsten Erkenntnisse herausgearbeitet. Schlussendlich wird daraus der zentrale Standpunkt extrahiert, der die aus der Nutzersicht überarbeitete, neu definierte, genauere Design Challenge darstellt.

   ⇒ Dieser Standpunkt kann z.B. durch den „How might we…“ Ansatz beschrieben werden. <Wie können wir dem Nutzer/Kunden helfen, X besser zu tun, um Ziel Y zu erreichen>
   ⇒ Beispiel: Wie können wir den digital affinen Kunden dabei helfen, auf seinem Smartphone einfach und intuitiv Unterkünfte zu suchen, um innerhalb weniger Klicks eine Buchung oder Reservierung zu tätigen.
   ⇒ Alternativ oder ergänzend kann man auch die „Jobs to be done“ Methode verwenden, bei der es darum geht, was der Kunde erreichen bzw. erledigt haben möchte. <Wenn (Situation)…,möchte ich (folgendes tun)…, damit (Ziel)>
   ⇒ Beispiel: „Wenn ich eine neue Reise plane und auf meinem Smartphone eine Unterkunft ausgewählt habe, möchte ich diese mit möglichst wenigen Klicks buchen, damit ich für diesen lästigen Schritt nicht so viel Zeit benötige und mich so wieder anderen Dingen für die Planung meiner Reise widmen kann.

4. **Ideen generieren:** In dieser Phase geht es anfangs darum, durch ein oder mehrere Brainstormings möglichst viele, gerne auch ungewöhnliche oder verrückt anmutende Ideen zu sammeln, ohne groß darüber nachzudenken, wie realistisch oder umsetzbar diese überhaupt wären. Um die Kreativität zu fördern, können verschiedene weitere Kreativitätstechniken eingesetzt werden. Für alle ist aber eine entspannte Atmosphäre die Voraussetzung schlechthin. Da im ersten Schritt einfach möglichst viele Ideen gesammelt werden sollen, geht hier die Quantität auf jeden Fall vor Qualität. Es sollten auch nie irgendwelche Ideen, aus welchen Gründen auch immer, kritisiert werden. Vielmehr sollten die Teilnehmer motiviert werden, eben auch verrückte Ideen zu teilen. Was man heute z.B. alles mit seinem Smartphone machen kann, hätte man vor nicht allzu langer Zeit eben genau als verrückt bezeichnet. So kann man sicherstellen, dass die Fragestellung aus vielen Winkeln betrachtet wird und sich der potenzielle Lösungsraum möglichst breit auffächert. Um die Bewertung der Umsetzbarkeit und weiterer Kriterien kann man sich dann im Anschluss noch kümmern. Wichtig bei den Ideen ist eigentlich nur, dass sie eine potenzielle Lösung für das Problem darstellen könnten. Auf jeden Fall vermeiden sollte man daher das Auflisten von Anforderungen wie „benutzerfreundlich", „leistungsstark", da diese keine Lösung des Problems beschreiben, sondern eben nur Anforderungen an die Lösung darstellen.

Wenn man dann einen Pool von möglichst vielen unterschiedlichen Ideen vorliegen hat, gilt es, diese zu gruppieren, sortieren, strukturieren und eben bezüglich bestimmter Kriterien zu bewerten und einzuordnen, um dann jene auszuwählen, welche als Prototyp weiterentwickelt werden sollen. Zur Gruppierung kann man erst einmal ähnliche Ideen zusammenfassen und dann zum Beispiel diese gruppierten Ideen bzgl. verschiedener Dimensionen sortieren wie zum Beispiel nach dem Grad der Innovation (gering, mittel, hoch) oder nach Kundensegment. Ist erst einmal diese Übersichtlichkeit erzielt, kann in der Gruppe besser diskutiert werden, auf welche Ideen man sich in der Folge weiter konzentrieren möchte. Hierbei spielen viele sehr individuelle Faktoren und Rahmenbedingungen eine Rolle, welche Ideen selektiert und weiterverfolgt werden sollten. Insbesondere die ausgewählten Ideen sollten nach einer gemeinsamen und einfachen Vorlage kurz dokumentiert werden, um auch zu einem späteren Zeitpunkt auf das gemeinsam erarbeitete Wissen noch zurückgreifen zu können.

5. **Prototypen entwickeln:** Für die vielversprechendsten Ideen werden in dieser Phase nun Prototypen entwickelt. Diese dienen dazu, die potenzielle Lösung für die Nutzer erlebbar zu machen, um diese direkt mit Nutzern zu erproben und die Nutzer zu beobachten, wie sie mit einzelnen Funktionen oder dem Prototyp an sich zurechtkommen. Das Ziel ist dabei nicht, bereits am Anfang einen möglichst ausgereiften „produktionsnahen" Prototypen zu erstellen. Dieser sollte nur die zukünftigen Nutzer in die Lage versetzen, sich die Lösung und Funktionen möglichst gut vorstellen zu können. Dazu reicht es bei physischen Produkten meist vollkommen aus, mit möglichst wenig Aufwand etwas mit Pappe, Lego oder anderen Materialien zu basteln. Für nicht physische Produkte wie beispielsweise Homepages kann man unter anderem auf einfach oder selbst produzierte Videos, Präsentationen oder z.B. Mockups zurückgreifen. Ein Mockup ist ein digital gestalteter Entwurf z.B. einer Webseite, welcher allerdings noch nicht funktionsfähig ist. Primäres Ziel des Prototyps ist daher aus den Reaktionen der Nutzer zu lernen, also zu schauen, ob unsere Lösungsidee aus Nutzersicht überhaupt das Problem löst, neue Funktionen angenommen werden, was noch nicht intuitiv verständlich ist, was eventuell noch fehlt und vieles mehr. Für den sehr wahrscheinlichen Fall, dass es noch Verbesserungsbedarf gibt, sollte man unbedingt bereit sein den Prototyp zu verändern oder die Lösung auch ganz zu verwerfen. Damit wird auch unmittelbar klar, warum man nur den wirklich notwendigen Aufwand in einen Prototyp stecken sollte. Vielmehr ist es sinnvoll, immer wieder neue Prototypen im gesamten Design Thinking Makrozyklus zu bauen und diese mit den potenziellen Kunden zu testen, um so fortwährend zu lernen und weitere Verbesserungen vorzunehmen. Ein solches Vorgehen reduziert die Gefahr von

Marktflops deutlich, da man so weitestgehend sicherstellen kann, dass man nicht an den Bedarfen vorbeientwickelt.

6. **Testen:** Bei der Phase Testen wird nun wenig überraschend der zuvor gebaute Prototyp mit potenziellen Nutzern getestet. Das geschieht am besten mit echten Kunden, in deren Umfeld, in dem sie das Produkt potenziell nutzen würden. Somit kann sichergestellt werden, dass sich die Kunden das zukünftige Produkt besser vorstellen können und es ihnen somit leichter fällt differenziertes Feedback zu geben. Die Phase Testen lässt sich wiederum in vier Teile untergliedern und zwar mit der Vorbereitung des Tests, der eigentlich Durchführung, der Dokumentation des Beobachteten und der anschließenden Extraktion des Gelernten. Schon beim Bau des Prototyps sollte man sich Gedanken gemacht haben, was man mit diesem testen möchte. In der Vorbereitung der Testdurchführung legt man noch einmal genau fest, welches Ziel man mit dieser Testrunde erreichen möchte, also worüber man etwas lernen möchte. Daraus kann man dann einen passenden Fragenkatalog ableiten, der als Leitfaden für die Befragungen dienen kann. Zudem definiert man den Kreis der Nutzer, mit denen man den Test durchführen möchte. Dieser sollte natürlich mit dem unserer anvisierten Zielgruppe zusammenpassen. Während dem eigentlichen Test empfiehlt es sich gleich mehrere Ideen oder Prototypen vorzustellen, damit die Nutzer diese miteinander vergleichen können. Der Interviewer sollte unbedingt bei den Befragungen vermeiden, den Probanden die Ideen schmackhaft zu machen. Es geht nicht darum, diese zu vermarkten und den Probanden zu überzeugen, sondern es soll ehrliches und direktes Feedback eingesammelt werden, um für weitere Verbesserungen zu lernen. Die Aussagen der Probanden werden dann möglichst strukturiert erfasst, so dass diese über die verschiedenen Probanden hinweg vergleichbarer werden. So kann man sich später noch besser an die wichtigen Beobachtungen erinnern. Zusätzlich können sie auch als zukünftiger Beleg für den Nutzen und tatsächlichen Bedarf der neu kreierten Lösung dienen. Aus den dokumentierten Beobachtungen werden dann durch das Team die wichtigsten Erkenntnisse bzw. Verbesserungsideen abgeleitet, welche dann wiederum für

weitere Design Thinking Zyklen als Input genutzt werden können. Darüber hinaus ist es auch ratsam, die neuen Erkenntnisse auch zum Aktualisieren und Präzisieren der Personas zu nutzen.

Der eben beschriebene Mikrozyklus wird nun in den einzelnen Phasen des Makrozyklus immer wieder durchlaufen, bis aus einer Vielzahl von ersten und noch recht wenig ausgereiften Ideen eine Lösung mit einem finalen Prototyp vorliegt. Ob immer jeder Schritt des Mikrozyklus durchlaufen werden muss, hängt von den Ergebnissen und Erkenntnissen aus dem ersten Durchlauf und natürlich der Design Challenge an sich ab. Da es sich beim Design Thinking um einen sehr kreativen Ansatz handelt, gibt es kein vorab bis ins kleinste Detail festgelegtes Vorgehen. Um aber erfolgreich neue Ideen damit zu entwickeln, gilt es ein paar Rahmenbedingungen zu beachten.

Rahmenbedingungen

1. **Moderator für den Prozess:** Für die Begleitung durch den gesamten Design Thinking Prozess von der Definition der Challenge über verschiedene Workshops im Mikrozyklus bis hin zur methodischen Unterstützung z.B. bei der Fokussierung auf die vielversprechendsten Ideen, empfiehlt es sich, einen Design Thinking Experten als Moderator oder Gastgeber einzusetzen. Dieser kann insbesondere bei neuen unerfahrenen Teams Hilfestellungen leisten und so darauf achten, dass die Prinzipien des Design Thinkings gewahrt bleiben, damit erfolgsversprechende Lösungen entwickelt werden. Dabei ist aber wichtig, dass der Moderator nur methodisch, aber nie inhaltlich eingreift. So kann er beispielsweise Hinweise geben, wie man eine Persona gut beschreiben kann und dafür Vorlagen oder ähnliches bereitstellen, sollte aber niemals die Beschreibung selbst unterstützen.

2. **Kreative Umgebung:** Da das Ziel ist, neue Ideen und Lösungen zu entwickeln, empfiehlt es sich, auch die gewohnte Arbeitsumgebung zu verlassen. Anstatt des gewohnten

Großraumbüros könnte man also einen anderen Raum oder Ort wählen, um so den Kopf für Neues frei zu bekommen und nicht in den Gedanken des Tagesgeschäfts gefangen zu sein. Dieser Ort sollte möglichst freundlich und inspirierend gestaltet sein, um eine Wohlfühlatmosphäre zu schaffen und auch dadurch den kreativen Prozess anzuregen. Außerdem sollte der Raum auch nicht zu voll und möglichst flexibel möbliert sein. So kann man für verschiedene Workshops und Aufgaben schnell die Möbel auf geeignete Art und Weise anordnen. Natürlich dürfen nicht die notwendigen Materialien wie Flipcharts, Whiteboards, Pinboards, Klebezettel, Stifte und so weiter für die Workshopsequenzen fehlen und ebenso wenig die Materialien für den Bau von Prototypen, also zum Beispiel Papier, Karton, Lego und weitere Bastelmaterialien.

3. **Teamzusammenstellung:** Wie schon unter Prinzipien angerissen, sollten die Teams möglichst heterogen und interdisziplinär zusammengestellt werden. Damit wird einerseits sichergestellt, dass die Fragestellungen aus verschiedenen Blickwinkeln betrachtet werden. Andererseits ermöglicht unterschiedliches Fachwissen in verschiedenen Disziplinen, dass von Anfang an alle notwendigen Experten für die Entwicklung einer guten Lösung an Bord sind. So hat beispielsweise eine Marketingexpertin die spätere Vermarktung im Blick, ein Informatiker oder Ingenieur, wie es technisch umgesetzt werden könnte, ein Data Scientist, wie man durch Analysen notwenige Fragen beantworten kann und ein Datenschutzexperte, welche der Daten man denn überhaupt für solche Zwecke nutzen darf. Damit die einzelnen Experten auch gut untereinander und miteinander agieren können, sollten ihr Fachwissen möglichst dem T-Shaped Ansatz oder vielleicht sogar dem Pi-Shaped Ansatz folgen. Unter T-Shaped versteht man, dass ein Teammitglied in einem bestimmten Bereich Experte ist, was durch die senkrechte Line vom T angedeutet wird, aber auch über ein breites Basiswissen in einigen anderen Feldern verfügt, welches dann aber nicht so tief geht. Dies wird durch die horizontale Linie symbolisiert. Bei „Π (Pi)-Shaped" ist es nicht viel anders, lediglich dass ein Teammitglied bei mindestens zwei Disziplinen über Expertenwissen verfügt. Die Kombination von

bestimmtem Expertenwissen und breitem Basiswissen hilft dabei, andere Teammitglieder und deren Ansätze inhaltlich besser zu verstehen und schafft auch in der Regel mehr Verständnis für deren Standpunkt oder Sichtwiese. So kann beispielsweise ein Data Scientist mit Basiswissen im Datenschutz besser den Standpunkt eines Datenschutzjuristen nachvollziehen und wird in seinen Ansätzen von vorneherein bestimmte Datenschutzaspekte mitberücksichtigen.

4. **Managementunterstützung:** Die Umsetzungsfähigkeit auch radikaler Lösungen ist abhängig von der Aufgeschlossenheit und Bereitschaft des Managements, diese auch zuzulassen bzw. diese auch bewusst einzufordern. Es macht wenig Sinn, einen offenen Design Thinking Prozess zu starten, wenn vorneweg klar ist, dass bei bestimmten Ergebnissen keine Bereitschafft für deren Umsetzung besteht. Design Thinking lässt sich durch seine Kundenzentrierung und den interdisziplinären Ansatz natürlich auch für nur kleinere oder marginalere Produktverbesserungen nutzen. Wenn man aber für die Design Challenge den Rahmen bereits so eng wählt, beraubt sich die Organisation der Chance echte Innovationen zu entwickeln. Durch sich immer schneller ändernde Märkte wird aber der Druck echte Innovationen hervorzubringen immer größer.

5. **Unternehmenskultur:** Neben dem Management ist aber auch die allgemeine Unternehmenskultur und die Bereitschafft der gesamten Belegschafft ausschlaggebend für eine erfolgreiche Anwendung von Design Thinking. Viele Unternehmen sind aktuell noch in Silos organisiert, da bedingt durch die Herausforderungen der Vergangenheit insbesondere in produktionsgetriebenen Firmen, dies eine oft probate Organisationsform dafür war. Eine bereichsübergreifende interdisziplinäre Arbeit war für eine erfolgreiche Unternehmung noch nicht ganz so wichtig und notwendig. Für Design Thinking ist es aber essenziell, dass Experten aus unterschiedlichen Disziplinen gemeinsam in einem Team zusammenkommen, um gemeinsam an neuen Lösungen zu arbeiten. Selbst wenn eine Firma in Silos wie beispielsweise Marketing, Vertrieb, Produktion, ... und Controlling organisiert ist, heißt das

natürlich nicht zwangsläufig, dass keine Bereitschafft zur bereichsübergreifenden Zusammenarbeit besteht. Zumindest wird dann aber eine solche jedenfalls nicht durch die Organisationsstruktur aktiv gefördert. Wie man alternativ eine Organisation z.B. um Produkte herum in Netzwerken organisieren könnte, kannst du in Kapitel 5 zu Agilen Organisationsstrukturen nachlesen. Sollten allgemein noch häufig Vorbehalte gegenüber den agilen Arbeitsmethoden vorherrschen, aber durch das Management die Notwendigkeit des Wandels erkannt sein, kann man beispielsweise ein separates Innovation Lab gründen, welches nach agilen Prinzipien arbeitet. Dieses steht aufgeschlossenen Mitarbeitern aus der gesamten Organisation über alle Bereiche hinweg auf freiwilliger Basis zur Verfügung, um unter Anleitung erfahrener Design Thinking Experten und agilen Coaches neue Ideen zu erproben und mit Design Thinking kontinuierlich an den Kundenbedürfnissen auszurichten und iterativ zu verbessern. So können diese Mitarbeiter Einblicke in die agilen Arbeitsweisen bekommen und ihre hoffentlich positiven Eindrücke in die gesamte Organisation tragen, um so schrittweise ein Netzwerk von Unterstützern aufzubauen, um so den agilen Kulturwandel zu befördern.

So viel erst einmal zum Thema Design Thinking. Da ich in den einzelnen Themen nur einen kurzen Einblick geben möchte, um dir den Einstig zu erleichtern, sind bestimmt noch ein paar Fragen offengeblieben. Wenn du in deiner Firma Design Thinking ausprobieren möchtest und noch weitere Fragen hast, kann ich dir folgende auf Design Thinking fokussierte Sachbücher empfehlen.

Vertiefende Literatur

- Du möchtest am liebsten gleich loslegen, fragst dich aber, wie man konkret in den einzelnen Phasen Workshops gestalten kann und welche Kreativitätstechniken genau man dazu verwenden kann?

⇒ **Design Thinking Schnellstart** - Kreative Workshops gestalten, von Isabell Osann, Lena Mayer, Inga Wiele, erschienen bei Hanser (2020)

- Du gehst der Sache allgemein gerne auf den Grund und möchtest den Design Thinking Ansatz und seine Methoden viel detaillierter als hier beschrieben kennenlernen, mehr über die Transformation der Unternehmenskultur lernen und fragst dich, was System Thinking eigentlich ist?

⇒ **The Design Thinking Playbook** - Mindful Digital Transformation, Products, Services, Business and Ecosystems, von Michael Lewrick, Patrick Link, Larry Leifer, erschienen bei Wiley (2018) auf Englisch

⇒ **Das Design Thinking Playbook** – mit traditionellen, aktuellen und zukünftigen Erfolgsfaktoren, von Michael Lewrick, Patrick Link, Larry Leifer, erschienen bei Wiley (2018) auf Deutsch

- Dich würden die Themen aus dem Playbook interessieren, aber es muss nicht ganz so ausführlich sein und so viele Kreativitätstechniken oder Workshop Beispiele brauchst du auch nicht?

⇒ **Design Thinking** – Radikale Innovationen in einer digitalen Welt, von Michael Lewrick, erschienen bei C.H. Beck (2018)

Business Model Canvas

Beim agilen Arbeiten ist die Frage nach dem Warum an vielen Stellen ein zentrales Element. Beim Beschreiben von User Storys, Features und Epics wird auch immer der Grund oder das Warum für die zu erledigende Arbeit aufgeführt. Doch wie sieht es denn damit eigentlich für die ganze Firma an sich aus? Warum gibt es sie überhaupt? Damit eine Firma einen Sinn und damit eine Daseinsberechtigung hat, muss sie aus Kundensicht ein Problem lösen oder allgemein einen Nutzen stiften. Diese Problemlösung und Nutzenstiftung muss dann noch so erfolgen, dass sich daraus ein tragfähiges Geschäftsmodell ableitet, also Einnahmen erzielt werden, welche auf die Dauer die Ausgaben übersteigen. Geschäftsmodelle entwickeln sich häufig mit der Zeit weiter oder verändern sich. Dies geschieht aber nicht immer bewusst. Das ist ein Punkt, an dem das Business Model Canvas und das Value Proposition Canvas von A. Osterwalder ansetzen.

Das Business Model Canvas ist eine Vorlage für das strategische Management, mit dessen Hilfe man bestehende oder zu entwickelnde Geschäftsmodelle mit einem klaren Nutzenversprechen an neun Fragestellungen aus den Bereichen Kunde, Angebot, Finanzen und notwendige Voraussetzungen zu beschreiben versucht. Da insbesondere das Nutzenversprechen für den Erfolg einer Firma zentral und gar nicht so leicht zu greifen ist, kann dieses mit Hilfe des Value Proposition Canvas strukturiert herausgearbeitet werden. Damit greift das Value Proposition Canvas einen Aspekt des Business Model Canvas auf und legt diesen inhaltlich tiefer. Aus diesem Grund wird im Folgenden erst einmal detaillierter das Business Model Canvas vorgestellt, um dann im Anschluss näher auf das Value Proposition Canvas einzugehen.

Da es sich bei der Entwicklung oder Weiterentwicklung eines Geschäftsmodells definitiv um ein komplexes Problem handelt, kann man das Business Model Canvas als Hilfsmittel begreifen, um auf strukturierte Art und Weise iterativ an das Thema heranzugehen.

Das von Osterwalder entwickelte Business Model Canvas (BMC) kann dabei helfen unternehmensübergreifend ein gemeinsames Verständnis des Unternehmenszwecks, der strategischen Ausrichtung hinsichtlich verschiedener Perspektiven wie beispielsweise Kundensegmente,

Angebotsportfolio oder Vertriebskanäle zu schaffen. Dieses gemeinsame Verständnis gewinnt insbesondere in der agilen Organisation an Bedeutung, da verstärkt Entscheidungen von allen Mitarbeitern und nicht nur von bestimmten Führungskräften getroffen werden. Um die „richtigen" Entscheidungen zu treffen und damit alle an einem Strang ziehen, muss selbstredend erst einmal allen das gemeinsame übergeordnete Ziel, also die strategische Ausrichtung der Firma, bekannt sein. Durch das BMC kann dieses Zielbild anhand der relevanten betriebswirtschaftlichen Dimensionen auf anschauliche und übersichtliche Weise beschrieben und so einem weiten Kreis transparent gemacht werden. Für die Erreichung dieses Zielbildes kann dann im Anschluss z.B. durch die bereits beschriebenen OKRs eine Operationalisierung der definierten Strategie erfolgen.

Durch das Business Model Canvas werden auch die übergeordneten Zusammenhänge zwischen Kundenbedürfnissen, dem daraus sich ergebenen Leistungsangebot, den dafür notwendigen Ressourceneinsatz und der finanziellen Perspektive deutlich. Das wiederum wirkt dem häufig vorzufindenden Silodenken in den Firmen und einer lokalen Optimierung einzelner Bereiche entgegen und fördert ein gemeinsames Verständnis der gesamten unternehmensübergreifenden Zusammenhänge.

Darüber hinaus ist das BMC ein gutes Instrument, um auf strukturierte Weise das Geschäftsmodell in regelmäßigen Abständen neu kritisch zu hinterfragen und zu prüfen, ob vormals getroffene Annahmen z.B. zu Kundenbedürfnissen in dieser Form weiterhin bestehen. So kann vermieden werden, dass man durch sich ändernde Märkte überrascht wird. Stattdessen kann das Geschäftsmodell früh genug weiterentwickelt werden oder auf neue Geschäftsmodelle umgeschwenkt werden.

Vorgehen

Um das Geschäftsmodell nach der BMC Logik zu beschreiben, wird dieses wie in der Grafik ersichtlich in neun Blöcken unterteilt. Diese decken vier wesentliche betriebswirtschaftliche Bereiche jeder

Unternehmung ab, nämlich die Kunden, das Angebot, Ressourcen und Finanzen.

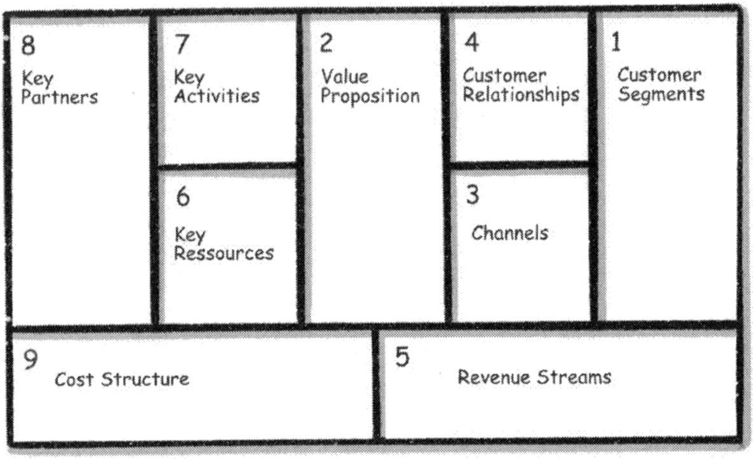

Basierend auf Business Model Canvas aus Business Model Generation (Osterwalder / Pigneur 2010)

Um das Geschäftsmodell und die damit verknüpfte strategische Ausrichtung zu skizzieren, werden auf einer Seite die folgenden neun Punkte beschrieben und Festlegungen dazu getroffen. Diese dienen dann als Orientierungshilfe für die gesamte Unternehmung.

1. **Kundensegmente** (Customer Segments): Bei der Kunden- bzw. Marktsegmentierung geht es darum, sich als Firma auf eine oder mehrere Marktsegmente bzw. Kundengruppen festzulegen oder mit seinen Produkten und Dienstleistungen den gesamten Massenmarkt zu adressieren. Insbesondere wenn die Kunden bzgl. ihren Bedürfnissen und Wünschen sehr heterogen sind oder z.B. eine stark unterschiedliche Zahlungsbereitschaft aufweisen, erscheint eine Unterteilung des Marktes in verschiedene Teilsegmente, die in sich möglichst homogen sind, sehr sinnvoll. Dann gilt es sich bewusst zu überlegen und festzulegen, welche Segmente man bedienen möchte und auch bedienen kann. Nur so kann man

die Unternehmung und die Produktentwicklung gezielt an den Bedürfnissen der ausgewählten Kundengruppen orientieren.

2. **Wertversprechen** (Value Proposition): Hier wird das Angebot an Produkten und Services beschrieben, anhand derer das Unternehmen die Bedürfnisse in den ausgewählten Kundensegmenten bedient. Es wird darauf eingegangen, welche Probleme die Kunden haben und wie diese durch das Angebot der Firma gelöst werden. Das Leistungsversprechen ist für den Erfolg eines Unternehmens ganz entscheidend, da hier das Angebot der Firma auf die Bedürfnisse der Kundengruppen trifft und es diese auch im Vergleich zum Wettbewerb zu überzeugen gilt. Aufgrund dieser Wichtigkeit ist es ratsam, hier ein besonderes Augenmerk zu legen. Durch das ebenfalls von Osterwalder entwickelte Value Proposition Canvas kann wiederum dieses Thema auch auf strukturierte und anschauliche Art und Weise tiefergehend behandelt werden. Zu diesem Zweck stelle ich im Anschluss an das Business Model Canvas auch das eben erwähnte Value Proposition Canvas in seinen Grundzügen vor.

3. **Vertriebskanäle (Channels):** Dieser Block beschreibt die Kundenkontaktpunkte, an denen die Unternehmung mit ihren Kunden bzw. potenziellen Kunden kommuniziert und ihre Leistungen vertreibt. Dabei kann eine Firma ganz gezielt auf nur einen Vertriebskanal setzen wie beispielsweise ausschließlich online oder einen Multi-Channel-Ansatz beispielweise aus online und stationärem Vertrieb über Geschäfte verfolgen. Die Firma kann auf Partner oder Eigenvertrieb setzen. In diesem Zusammenhang sind bei einer Festlegung der anzubietenden Kanäle unter anderem die Kundenbedürfnisse, die Kosten und der Wettbewerb zu betrachten.

4. **Kundenbeziehung (Customer Relationships):** Dieser Abschnitt beschreibt, wie eine Firma ihre Kundenbeziehung ausgestalten möchte. Dabei stellen sich insbesondere Fragen, wie stark man auf einen persönlichen Kontakt oder Beratung setzen möchte oder wie stark eine Automatisierung und Selfservice in Frage kommen. Was die richtige Wahl ist, hängt dabei natürlich immer von den Kundenbedürfnissen und -

erwartungen ab, den damit verbundenen Kosten und der Wettbewerbssituation und des unter Punkt 2 gewählten Leistungsversprechens. Definiert man sich insbesondere über einen niedrigen Preis, wird man sehr wahrscheinlich beim Kundenbeziehungsmanagement verstärkt auf Automatisierung und Selfservice setzen. Als Premiumanbieter mit hohen Preisen wird wahrscheinlich persönlicher und individueller Service eine größere Rolle spielen

5. **Einnahmequellen (Revenue Streams):** Hier wird beschrieben, für welche Leistungen die Kunden bereit sind zu zahlen bzw. bereits zahlen. Darüber hinaus wird die Pricingstrategie dargestellt. Abhängig von der Art der erbrachten Leistung, den Kundenpräferenzen und dem Wettbewerb oder weiterer Kriterien gilt es zu überlegen, auf welche Art und Weise die Bepreisung der Leistung erfolgen soll. Die Möglichkeiten hierzu sind nahezu unerschöpflich von Einmalzahlungen für gewisse Transaktionen wie den Kauf einer Ware bis zu wiederkehrenden Zahlungen für die Nutzung einer Leistung wie die Miete einer Wohnung. Darüber hinaus sind Festpreise wie Grundgebühren und dann volumenabhängige zusätzliche Kosten für den Umfang der Nutzung oder eben pauschale Preise denkbar. Alle Möglichkeiten hier aufzuführen, würde bei weiten den Rahmen sprengen und auch dem eigentlichen Ziel des Sachbuches hier entgegenwirken. Wichtig ist vielmehr, dass die Art der Bepreisung den Kundenbedürfnissen entgegen kommt wie z.B. Sicherheit und Transparenz über die maximal anfallenden Kosten. Darüber hinaus muss das Preismodell auch Vorteile für das Unternehmen bieten. Das könnten z.B. langfristige Verträge mit den Kunden sein, die eine hohe Planbarkeit für die Unternehmung bedeuten. Inwieweit das wiederum den Kundenbedürfnissen nach Flexibilität entgegen wirkt und ob im Gegenzug für eine langfristige Bindung ein Preisnachlass gewährt wird, sind alles Punkte, welche im Rahmen einer Preisstrategie zu beachten sind.

6. **Schlüsselressourcen (Key Ressources):** An dieser Stelle wird darauf eingegangen, was es eigentlich alles braucht, um die Leistung überhaupt anbieten zu können und dem Werteversprechen unter Punkt 2 gerecht zu werden. Abhängig

von der angebotenen Leistung oder Produkten werden eventuell physische Ressourcen - wie Maschinen, ein bestimmtes Knowhow, wie man etwas herstellt oder eine Dienstleistung erbringt, Mitarbeiter und finanzielle Mittel - benötigt. Neben der reinen Leistungserstellung sind hier auch alle weiteren Ressourcen aufzuführen, die u.a. für den Betrieb des Unternehmens, dem Kundenkontakt und -service benötigt werden. Hierbei stellt sich auch die Frage, welche dieser Ressourcen muss die Firma wirklich selbst besitzen und welche kann sie eventuell mieten bzw. diese Aufgaben an Dritte auslagern. Letztlich beantwortet dieser Block, was wirklich essenziell für die Leistungserbringung und den Betrieb notwendig ist und dient unter Punkt 9 als Input für die Festlegung der Kostenstruktur.

7. **Schlüsselaktivitäten (Key Activities):** Dieser Block listet die Kernaktivitäten auf, welche eine Firma durchführen muss, um ihr Geschäftsmodel umsetzen zu können. Das können notwendige Aufgaben im Rahmen der Leistungserstellung sein, wie die Herstellung eines physischen Produktes oder auch z.B. die Aktivitäten bei einer Problemlösung beim Kunden im Rahmen eines Serviceauftrags. Darüber hinaus werden auch die Kernaufgaben im Rahmen des Vertriebs, Marketing und dem Kundenbeziehungsmanagement erörtert.

8. **Schlüsselpartner (Key Partners):** Hier beschäftigt man sich mit den verschiedenen strategischen Partnern, wie beispielsweise den Zulieferern, die notwendig sind, um das eigene Leistungsversprechen einlösen zu können. Osterwalder und Pigneur unterscheiden dazu nach strategischen Allianzen zwischen sich nicht im Wettbewerb befindlichen Firmen, zwischen Wettbewerbern, Joint Ventures für die gemeinsame Entwicklung neuen Geschäftes und zuverlässigen Zuliefererbeziehungen. Abhängig von den finanziellen aber auch Entwicklungsressourcen macht es durchaus Sinn, als Unternehmung nicht alles selbst machen zu wollen. Vielmehr sollte man sich auf die wenigen relevanten Kernkompetenzen beschränken, die aus Kundensicht wichtig sind und der Unternehmung helfen, ein einzigartiges Leistungsversprechen am Markt anzubieten. Das Auslagern, der aus dieser Perspektive weniger wichtigen Leistungsbestandteile, hilft

Kosten zu sparen und seine Energie auf die wesentlichen Punkte zu konzentrieren, ohne sich zu verzetteln.

9. **Kostenstruktur (Cost Structure):** Nach der Festlegung der Schlüsselaktivitäten, der Bestimmung der notwendigen Schlüsselressourcen und der Klärung, welche Leistungsbestandteile selbst oder durch Partner erbracht werden sollen, kann die Kostenstruktur des skizzierten Geschäftsmodells abgeleitet werden. Dabei geht es darum alle nennenswerten fixen und variablen Kosten zu bestimmen, die den erwarteten Umsätzen entgegenstehen. Fixkosten zeichnen sich dadurch aus, dass sie nicht in Abhängigkeit zur Produktionsmenge steigen und einen konstanten und zumindest mittel-bis langfristig unveränderlichen Kostenfaktor bilden wie z.B. die Miete für ein Ladenlokal. Variable Kosten hingegen sind veränderliche Kosten, die z.B. in Abhängigkeit der Produktionsmenge steigen oder fallen wie z.B. Rohstoffe bei der Produktion von Gütern. Insbesondere bei Unternehmen, welche ihr Leistungsversprechen auch über einen günstigen Preis definieren wie beispielsweise bei Discountern, spielt eine gute Kostenstruktur eine sehr entscheidende Rolle.

Dank der neun Blöcke kann ein Geschäftsmodell auf recht einfache und strukturierte Art und Weise erarbeitet und übersichtlich dargestellt werden. Wie man bei der Ableitung der einzelnen Blöcke am besten im Detail vorgeht und auf was dabei noch alles zu achten ist, würde hier allerdings den Rahmen sprengen.

Vertiefende Literatur

- Du interessierst dich auch für die Details beim Business Model Canvas, möchtest eine Menge Beispiele bekannter Firmen, fragst dich wie man in Workshops sein BMC designen kann und bestehende Geschäftsmodelle am besten auf ihre Zukunftsfähigkeit hin untersucht. Dann wirst du bei den Begründern des BMC und ihrem Handbuch sicher fündig.

- ⇒ **Business Model Generation** – A Handbook for Visionaries, Game Changers, and Challengers, von Alexander Osterwalder & Yves Pigneur, erschienen bei John Wiley & Sons Inc (2010)

- Das BMC legt mit den Kundensegmenten, dem leistungsversprechen, Vertriebskanälen und dem Kundenbeziehungsmanagement einen starken Fokus auf klassische Marketingthemen. Wenn du diese weiter vertiefen möchtest und dazu einen vollumfänglichen Überblick bekommen magst, kann ich das Standardwerk empfehlen. Aufgrund der Länge eignet es sich aber insbesondere als Nachschlagewerk für bestimmte Themen und Aspekte

  ⇒ Marketing: Grundlagen marktorientierter Unternehmensführung – Konzepte – Instrumente – Praxisbeispiele, von Heribert Meffert, Christoph Burmann, Manfred Kirchgeorg, Maik Eisenbeiß, erschienen bei Springer Gabler (2019)

- Du würdest gerne selbst mal ein BMC für dein Unternehmen erstellen und suchst nach Vorlagen?

  ⇒ Unter www.strategyzer.com/canvas findest du kostenlose Templates zum Herunterladen.

Value Proposition Canvas

Im vorangegangenen Kapitel wurde das Business Model Canvas vorgestellt, mit dessen Hilfe man auf strukturierte und übersichtliche Weise das Geschäftsmodell einer Firma beschreiben kann. Das wahrscheinlich kritischste Element eines jeden Geschäftsmodell stellt dabei das Leistungsversprechen der Unternehmung dar. Wenn aus Kundensicht durch die Angebote einer Firma kein echter Mehrwert oder Nutzen gestiftet wird, können alle anderen Aufgaben eines Unternehmens noch so gut organisiert und konzipiert sein, das Unternehmen wird scheitern. Ein wirklich gutes Leistungsversprechen für potenzielle Kunden zu entwickeln, ist daher nicht nur essenziell, sondern aufgrund der Komplexität ein durchaus herausforderndes Unterfangen. An dieser Stelle setzt das Value Proposition Canvas an und soll eine Hilfestellung geben, für ein Unternehmen einen möglichst guten Fit zwischen Kundenbedürfnissen und dem Leistungsangebot der Firma herzustellen.

Durch die Darstellung der damit verknüpften wesentlichen Aspekte auf einer Seite, hilft das Value Proposition Canvas (VPC) auch dabei, Klarheit und Transparenz bzgl. des Leistungsversprechen, sowohl bei den Mitarbeitern als auch weiteren Stakeholdern, zu schaffen. Da beim agilen Arbeiten vermehrt Entscheidungen auf allen Ebenen von allen Mitarbeitern getroffen werden, ist eine einfache Kommunikation bzgl. so wichtiger strategischer Ausrichtungen nicht zu vernachlässigen. So können alle ihre Entscheidungen an der gewählten strategischen Stoßrichtung orientieren.

Darüber hinaus kann das VPC dabei helfen Marktflops zu vermeiden, weil man sich strukturiert mit dem strategischen Leistungsversprechen auseinandergesetzt hat. Andererseits setzt das mit dem VPC Design verbundene Vorgehen ähnlich dem Design Thinking auf starke Kundeninteraktion und viele frühzeitige Tests, um getroffene Annahmen zu validieren oder eben zu verwerfen. Durch dieses schrittweise Vorgehen mit kontinuierlichen Feedbackschleifen, kann das Risiko von Flops stark reduziert werden. So kann vermieden werden, dass enorme Ressourcen in die Entwicklung von Produkten gesteckt werden, dessen Nutzenversprechen nicht überzeugen kann.

Das VPC ist dabei nicht nur für Startups relevant, die ein neues Geschäft aufbauen möchten, sondern auch für etablierte Firmen. Da sich mit der Zeit die Kundenbedürfnisse und -wünsche ändern, ist es ratsam, in regelmäßigen Abständen zu überprüfen, ob auch zukünftig das Leistungsversprechen aus Kundensicht noch genauso relevant ist.

Nachdem wir uns mit Zweck und den Vorteilen des VPC beschäftigt haben, stellt sich die Frage, wie das Value Proposition Canvas eigentlich aufgebaut ist und wie man ein solches erstellt.

Vorgehen

Das VPC unterteilt sich grob in zwei Seiten. Die rechte beschreibt das Kundenprofil mit dem, was der Kunde tun möchte (Customer Jobs), was er vermeiden möchte (Pains) und dem, was er erreichen möchte bzw. sich wünscht. Auf der anderen Seite steht die Wertekarte (Value Map) mit dem Leistungsangebot des Unternehmens und wie dieses die Kundenschmerzen lindern möchte (Pain Relievers) und wie dieses dem Kunden einen echten Nutzen zu stiften vermag (Gain Creators). In der Mitte treffen dann im „Fit“ beide Seiten zusammen, wobei die aus Firmensicht bereitgestellten Gain Creators und Pain Relievers einen oder mehrere der aus Kundensicht wichtigen Schmerzen heilen oder relevanten Nutzen stiften sollten.

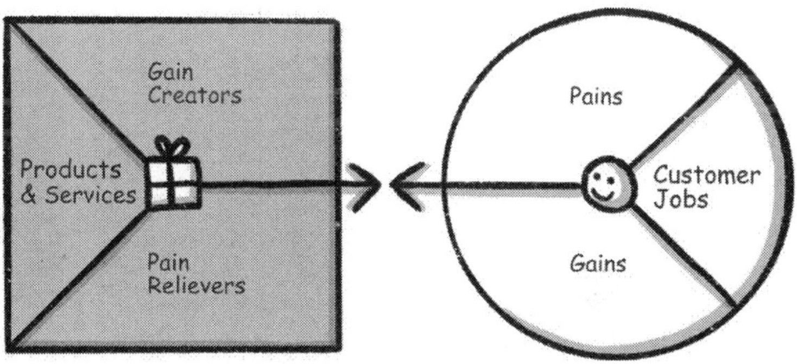

Basierend auf Value Proposition Canvas aus Value Proposition Design (Osterwalder / Pigneur / Bernarda / Smith 2014)

Wie lässt sich das VPC nun im Detail befüllen?

Kundenprofil

- **Kundenjobs (Customer Jobs):** Hierunter wird alles zusammengefasst, was ein Kunde erledigt haben will, wobei man zwischen funktionalen, sozialen und persönlich emotionalen Aufgaben unterscheiden kann. Bei funktionalen Aufgaben möchte der Kunden, dass eine gewisse Aufgabe erledigt oder ein bestimmtes Problem gelöst wird. Das kann zum Beispiel der Haarsschnitt beim Friseur sein, der Aufbau von Möbeln usw.. Bei sozialen Jobs steht die Wahrnehmung durch andere im Fokus, wie z.B. Macht und Status. So kann z.B. durch ein teures Auto neben dem funktionalen Job, also dem Personentransport, der Status durch den Besitz des teuren Autos für den Kunden von Bedeutung sein. Bei den emotionalen Aufgaben geht es dem Kunden um einen angestrebten Gefühlszustand wie z.B. ein gutes Gewissen etwas für die Umwelt getan zu haben.
- **Nutzen (Gains):** Hier beschreibst du die vom Kunden erwarteten positiven Resultate und die erhofften Vorteile. Dabei kann die Unterscheidung zwischen benötigten, erwarteten, gewünschten und überraschenden Ergebnissen vorgenommen werden. Also was erwartet der Kunde zwingend von der angebotenen Lösung? Also ein Auto sollte z.B. fahren können. Was sollte erfüllt sein? Ein Auto sollte ein ansprechendes Design haben, wobei das natürlich auch vom Kunden selbst abhängt, welchen Stellenwert so etwas hat. Was wäre wünschenswert aber aus Kundensicht nicht zwingend erforderlich? Vielleicht ein Navigationssystem oder ähnliches. Was würde den Kunden überraschen und wirklich begeistern, weil er oder sie es gar nicht erwarten würden? Vielleicht, dass ein Auto schon selbst fahren kann.
- **Schmerzen (Pains):** Unter diesem Punkt beschreibst du, welche negativen Aspekte in Verbindung mit den umzusetzenden Jobs aus Kundensicht entstehen können und

vom Kunden vermieden werden wollen. Das können unerwünschte Ergebnisse, Probleme, Hindernisse oder bestimmte Risiken sein. So kann ein Kunde mit dem fertigen Haarschnitt unzufrieden sein. Oder der Kunde schätzt bei einer professionellen Zahnreinigung wahrscheinlich das Endergebnis der strahlend weißen sauberen Zähne, aber empfindet den Prozess der Reinigung an sich als nicht besonders angenehm. Der Kunde muss Zeit und Geld investieren, was natürlich auch einen gewissen Schmerz mit sich bringt. Was könnte alles aus Kundensicht schiefgehen? Das sind alles Punkte, die in diesen Bereich gehören und die man sich bewusst machen sollte.

Sind die Customer Jobs, Pains und Gains gesammelt und beschrieben, sollte man diese nach ihrer Wichtigkeit aus der Kundenperspektive heraus einschätzen. Hier wird auch offensichtlich, dass es sich im ersten Schritt nur um Hypothesen handelt. Als Firma weiß man anfangs nicht, ob die potenziellen Kunden wirklich diese Schmerzen haben und welche relative Wichtigkeit sie den einzelnen Schmerzpunkten zuweisen würden. Allerdings ist man durch die Aufstellung der Hypothesen bzgl. der Kundenwünsche und -bedürfnisse schon einmal einen Schritt weiter und kann diese durch Experimente oder das Einholen von Kundenfeedback bestätigen lassen oder muss diese eventuell korrigieren. So erlangt man schrittweise ein immer besseres Kundenverständnis.

Ein Value Proposition Canvas erstellt man dabei für jedes Kundensegment, dass man mit seinen Leistungen adressieren möchte. Diese Kundengruppen sollten dabei in sich möglichst homogen bzgl. ihrer Bedürfnisse sein. Daher sollten die Kundensegmente auch nicht zu weit gefasst werden, es sei denn man möchte gezielt den Massenmarkt adressieren. Allerdings je enger man die Gruppe wählt, desto besser kann man sich an den spezifischen Bedarfen ausrichten. Andererseits wird dadurch der potenzielle Markt auch kleiner. Am Ende ist das dann eine Abwegungssache. (alle Einwohner Deutschlands versus alle Studenten in Deutschland)

Wertekarte

- **Produkte und Services (Products and Services):** Diese beschreiben das spezifische Angebotsportfolio der Firma für diese Zielgruppe bzw. dieses Marktsegment. Das können sowohl physische Güter wie hergestellte Produkte sein aber auch immaterielle Güter wie Dienstleistungen.
- **Schmerzkiller (Pain Relievers):** Diese beschreiben, wie genau deine Services und Produkte die Schmerzen der Verbraucher lindern sollen. Hier gilt es zu beachten, insbesondere auch die aus Kundensicht relevanten Schmerzen zu lindern. Dabei ist es nicht notwendig alle Schmerzen zu adressieren, aber dafür die aus Kundenperspektive wirklich relevanten. Diese sollten dann nach Möglichkeit sehr gut und besser als bei der vergleichbaren Konkurrenz gelöst sein. Können die Produkte den Kunden dabei helfen Kosten zu sparen? Risiken zu reduzieren? Unangenehme Situationen zu vermeiden? Und vieles mehr.
- **Nutzenstifter (Gain Creators):** Diese wiederum beschreiben, wie die angebotenen Produkte und Services aus Kundensicht gewünschte und positiv überraschende Ergebnisse erzielen sollen. Dabei gilt hier wie bei den Schmerzkillern, dass nicht alle Nutzenerwartungen der Kunden adressiert und eingelöst werden müssen, aber dass eben insbesondere die relevantesten abgedeckt werden. Vereinfachen die angebotenen Produkte und Services das Leben des Kunden, lösen sie für den Kunden positive soziale Effekte wie Anerkennung aus, macht die Nutzung einfach Spaß oder ähnliches?

Auch die Produkte und Services, Schmerzkiller und Nutzenstifter werden dann wieder nach ihrer angenommenen Wichtigkeit aus der Kundenperspektive eingeschätzt.

Sowohl die Schmerzkiller als auch Nutzenstifter schaffen Werte für den Kunden, wobei selbstredend die Schmerzkiller Schmerzen der Kunden lindern und die Nutzenstifter Nutzen generieren, also positive Werte schaffen. Manchmal können diese auch beide Punkte, also Kundenschmerzen und Kundennutzen, auf einmal adressieren.

Auf der Werteseite ist zu beachten, dass nicht wahllos alle Produkte und Services der Firma aufführt werden, sondern nur die passenden für das aktuell betrachtete Marktsegment. Die Schmerzkiller und Nutzenstifter müssen dabei aus Kundensicht auch wirklich eine Relevanz besitzen. Es sollen also nicht Schmerzen gelindert werden, die aus Kundensicht keine sind. Zudem sollte man nicht versuchen alle Schmerzen zu lindern und jeden Nutzenwunsch zu erfüllen, da dies zumeist unrealistisch oder gar nicht möglich ist.

Fit

Beim Fit werden die Kundenaufgaben, Schmerzen und Nutzen mit dem Angebot der Firma und deren Nutzenstiftern und Schmerzkillern übereinandergelegt. Dabei sollte zwischen den wichtigsten Kundenaspekten und denen auf Firmenseite ein möglichst hoher Deckungsgrad, also Fit, vorliegen. Diesen zu erreichen, ist gar nicht so einfach, aber letztlich genau das Ziel des Value Propostion Canvas. Erschwerend kommt auch noch dazu, dass sich die Kundenbedürfnisse mit der Zeit wandeln und sich so auch das Angebot einer Firma weiterentwickeln muss, um stets einen guten Fit sicherzustellen. Insbesondere die aus Kundensicht wichtigsten Aspekte sollten dabei kontinuierlich im Auge behalten werden.

Osterwalder, Pigneur, Bernada und Smith unterscheiden dabei drei Stufen des Fits. Im ersten Schritt besteht auf dem Papier eine möglichst gute Deckung zwischen der Kunden- und Angebotsseite. Also die getroffenen Annahmen und Hypothesen bzgl. Pains und Gains und den Pain Relivers und Gain Creators lassen einen hohen Fit erwarten, ohne dass bereits kundenseitig echte Beweise dafür gibt. Diese liegen erst in der zweiten Stufe, dem Produkt-Markt Fit, vor. In dieser Phase versucht man durch Markttests und Experimente eine Bestätigung zu erhalten. Dazu testet man, ob und in welchem Maß kundenseitig echtes Kaufinteresse besteht. Zusätzlich sammelt man Kundenfeedback ein. So lassen sich schrittweise die getroffenen Annahmen überprüfen und weiterentwickeln, bis ein guter Fit vom anvisierten Markt bestätigt wird. Dann wird in der dritten Stufe geprüft, ob sich unter diesen

Rahmenbedingungen für die Unternehmung ein tragfähiges Geschäftsmodell ableiten lässt. Ein solches zeichnet sich dadurch aus, dass einerseits Profite zu erwarten sind und sich das Geschäftsmodell auch erfolgreich skalieren lässt und so Wachstum erwarten lässt.

Wie man in den jeweiligen Stufen am besten vorgeht und was es dabei zu beachten gilt, möchte ich hier nicht weiter ausführen, zumal das auch bereits von Osterwalder, Pigneur, Bernada und Smith in ihrem Buch ausführlich beschrieben wurde. Abschließend lässt sich aus meiner Sicht sagen, dass das Value Proposition Canvas ein wirklich probates Mittel ist, um sich auf strukturierte Art und Weise schrittweise ein starkes Leistungsversprechen zu erarbeiten. Darüber hinaus ist es durch seine einfache Darstellung auch sehr hilfreich für die Kommunikation mit allen Stakeholdern, wie beispielsweise den Mitarbeitern aber auch Investoren.

Vertiefende Literatur

- Du fragst dich, wie du am besten vorgehen kannst, um deine Value Proposition zu erarbeiten, am Markt zu testen, sie weiter zu verbessern, um ein tragfähiges geschäftsmodell daraus abzuleiten? Dann solltest du dir das Buch der Erfinder des Value Proposition Design zulegen

  ⇒ **Value Proposition Design** – How to create products and services customers want, von Alexander Osterwalder, Yves Pigneur, Greg Bernarda, Alan Smith, erschienen bei John Wiley & Sons Inc (2014)

- Das Value Proposition Canvas beleuchtet die Value Proposition und die Kundensegmente aus dem Business Model Canvas (BMC) genauer. Auch wenn das Kennen des BMC für die Erstellung des Value Proposition Canvas keine notwendige Voraussetzung ist, so ist das BMC doch eine sinnvolle Ergänzung. Insbesondere die im VPC beschriebene Stufe 3, also die Ableitung eines tragfähigen Geschäftsmodells, kann durch das BMC unterstützt werden.

  ⇒ **Business Model Generation** – A Handbook for Visionaries, Game Changers, and Challengers, von

Alexander Osterwalder & Yves Pigneur, erschienen bei John Wiley & Sons Inc (2010)

- Du suchst nach Vorlagen für z.B. Worksshops, um ein VPC oder BMC zu erarbeiten?

  ⇒ Unter www.strategyzer.com/canvas findest du kostenlose Templates zum Herunterladen.

4 Tools zur Umsetzung der Methoden

Kanban Boards und Wikis

Um mit dem agilen Arbeiten zu starten bzw. um es einfach mal auszuprobieren, braucht es nicht viel. Eigentlich reicht dazu sogar nur ein Kanban oder Sprint Board, das man mit Post Its schnell und transparent an einer Wand basteln kann. Genau das würde ich am Anfang auch empfehlen, um sich erst einmal mit der Methodik vertraut zu machen. So lässt sich bereits für alle auf einen Blick der aktuelle Arbeitsstand erfassen und visualisieren. Wenn man eher ein digitales Board bevorzugt, kann man sich entweder einfach eines in Excel basteln, bei dem man dann die Stories je nach Bearbeitungsstand von Zelle zu Zelle kopiert. Oder man begnügt sich erst einmal mit dem kostenlosen Microsoft Whiteboard oder ähnlichem. Die Verwendung von Microsoft Whiteboard hat aus meiner Sicht den Charme, dass es kostenlos ist, schnell ein kleines Board eingerichtet ist, man es mit anderen teilen kann, so dass auch andere daran arbeiten können und es visuell ansprechend und auf einfache Weise den Arbeitsablauf darstellt.

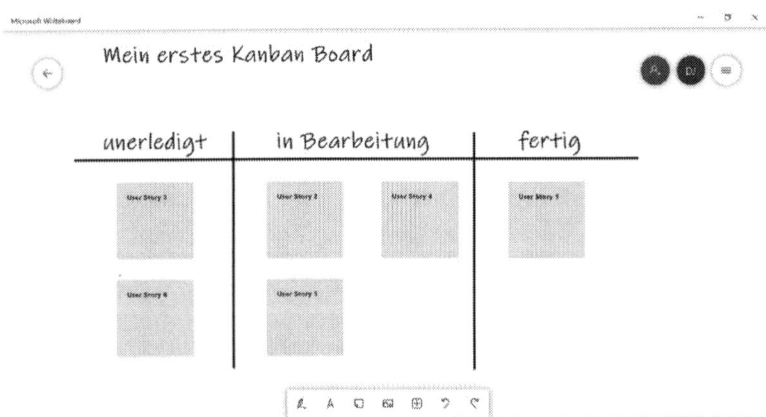

Screenshot eines selbst angelegten Kanban Boards aus dem kostenlosen Microsoft Whiteboard

Es gibt aber auch professionellere kostenlose Open Source Tools wie Taiga (https://tree.taiga.io/discover) Kanboard (https://kanboard.org) oder Restyaboard (https://restya.com/board), die sich verhältnismäßig leicht und zügig einrichten lassen. Taiga und Restyaboard bieten darüber hinaus noch Erweiterungen zum kostenlosen Basisumfang, die sie sich allerdings vergüten lassen. Für den Start, um das Arbeiten mit Kanban/Scrum zu erproben, sollte der Basisumfang aber allemal ausreichen. Welches der Programme man auswählt, ist in erster Linie eine Frage der Präferenz, welches Look and Feel man mehr mag und ob man eine lokale Installation (Kanboard, Restyaboard) oder eine Cloudlösung (Taiga, Restyaboard) bevorzugt. Einfach mal reinschauen.

Ist man sich sicher, dass man langfristig agil arbeiten möchte und hat das Gefühl, dass die Open Source Tools die eigenen Anforderungen nur unzureichend abdecken, empfiehlt es sich Jira, Confluence von Atlassian (https://www.atlassian.com/de/software/jira) oder Teams von Microsoft anzuschauen. Jira ist in seiner Basisversion, die auf wenige Nutzer beschränkt ist, zudem kostenlos, so dass man die Funktionen vor einem eventuellen Kauf gut testen kann. Confluence ist in erster Linie für eine projektbezogene Dokumentation sehr gut geeignet und entspricht einem firmeninternen Wiki. Teams ist in erster Linie ein noch recht neues Kommunikations- und Kollaborationstool von Microsoft, das aber auch die Möglichkeit bietet, verschiedene sogenannte Channels für z.B. Projektgruppen zu eröffnen und diese mit einem Kanban Board und Wiki zu bestücken. Hier liegt der besondere Vorteil in der nahtlosen Integration in die MS Office Welt und die sehr leichte Benutzerführung. Dafür ist zumindest aktuell der Funktionsumfang bzgl. dem Board und Wiki noch begrenzt. Wenn man viele kleine Projekte hat, könnte es aber durchaus ein gutes Tool dafür sein. Mehr braucht es also gar nicht, um loslegen zu können. Agiles Arbeiten scheitert also nicht an Tools, denn die gibt es im Zweifel kostenlos und sind eh nachrangig.

OKRs

Auch für die systematische Erfassung der OKRs gibt es eine Vielzahl kommerzieller Tools. Diese eignen sich insbesondere für größere Organisationen, welche OKRs dauerhaft einsetzen möchten. Wichtig beim Einsatz von OKRs ist insbesondere die unternehmensweite Transparenz zu den Zielen und den Key Results, denn das kann unter anderem dabei helfen, Widersprüche in den Zielen sichtbar zu machen. Dazu braucht es aber nicht unbedingt ein teures kommerzielles Tool. Es muss nur sichergestellt sein, dass alle ihre OKRs in der gleichen Form erheben und auch alle anderen innerhalb der Firma darauf zugreifen können. Das lässt sich also auch leicht durch ein Template und einen gemeinsamen Speicherort in der Cloud oder einem Gruppenlaufwerk erreichen. Im Internet finden sich jede Menge kostenlose Templates, so auch auf der Webseite des Erfinders der OKRs John Doerr. https://www.whatmatters.com Unter folgendem Link kann kostenlos ein solches Template heruntergeladen werden. https://www.whatmatters.com/faqs/best-free-okr-tools-software/

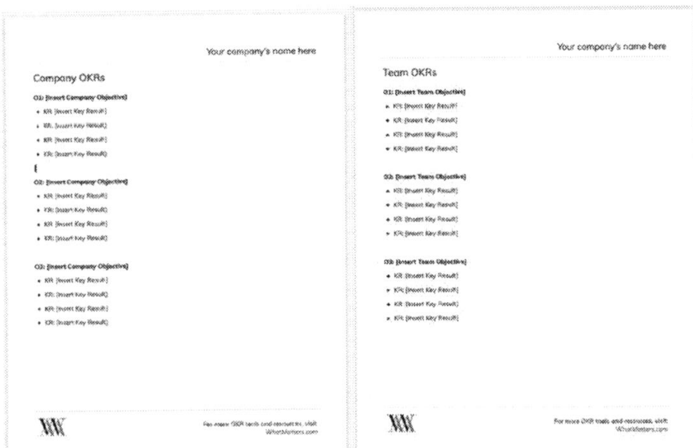

Screenshot der Seiten 1 bis 2 aus dem kostenlosen Template von Whatmatters.com (2021)

Die Botschaft dieses kurzen Kapitels ist daher auch sehr einfach. Um die verschiedenen agilen Methoden selbst auszuprobieren, braucht es anfangs nicht viel. Aus meiner Sicht sollte man mit einfachen Mitteln schnell starten und dann kann man sich immer noch um professionellere Arbeitsmittel Gedanken machen, wenn man sich sicher ist, dass man mit den Methoden weitermachen möchte

Das verleitet allerdings auch häufig dazu zu denken, dass eine Umstellung der Arbeitsweise mit wenig Aufwand umzusetzen ist. Im Kapitel 6 zu den Fallstricken wird klar, dass für eine nachhaltig erfolgreiche Umstellung einiges zu tun und zu beachten ist.

5 Agile Organisationsstrukturen

Wenn man in einzelnen Projekten erfolgreich agil arbeitet, fragt man sich häufig mit der Zeit fast zwangsläufig, ob man nicht gleich die gesamte bestehende Organisationsstruktur agil ausrichten kann. Häufig habe ich in meiner Berufslaufbahn bei Projekten oder Aufgabenstellungen auch Sprüche gehört wie „Wir müssen Out-of-the-Box denken“, sprich über interne Unternehmensgrenzen und Silos hinweg die Dinge denken und anpassen. Aber warum kommt man dann nicht mal auf die Idee die Box, also die bestehende Organisation, anzupassen. Genau darum und wie so etwas aussehen könnte, soll es nun auf den folgenden Seiten gehen. Dazu möchte ich erst einmal kurz darauf eingehen, warum viele Firmen heute so organisiert sind, wie sie es sind und welche Herausforderungen sich daraus ergeben. Danach möchte ich darauf eingehen, welchen Anforderungen eine Organisation im Allgemeinen und durch den technologischen Wandel im Speziellen gerecht werden muss. Daran anschließend werde ich Wege aufzeigen, wie man eine gesamte Firma nach agilen Prinzipien organisieren könnte.

Klassische Organisation und Herausforderungen

Organisationen richten sich immer an den Rahmenbedingungen aus und versuchen in dem Kontext die anfallenden Aufgaben möglichst effizient zu lösen. Heute sind viele Firma noch stark durch eine Organisationsform geprägt, welche sich aus den Anforderungen des Taylorismus sprich der industriellen Massenproduktion ableitet. Taylor ging es vereinfacht gesagt darum, den einen besten Weg zu finden, um eine Sache zu erledigen. Aufgekommen mit dem Beginn der Industriellen Revolution Anfang des 19. Jahrhunderts galt es den komplizierten aber nicht unbedingt komplexen Produktionsprozess in großen Fabriken zu organisieren. Technologische Innovationen benötigten noch vergleichsweise lange Zeit, bis sich diese im Massenmarkt durchgesetzt haben. Die Rahmenbedingungen für Firmen änderten sich allgemein im Vergleich zum heutigen Tempo des Wandels eher langsam. So blieb genug Zeit, um Ursache-Wirkungsbeziehungen zu analysieren und dadurch vorab den optimalen Weg für die Produktion und andere organisatorische Aufgaben zu bestimmen. Das Industriezeitalter Paradigma arbeitet dabei nach dem Prinzip „Predict and Control" („Vorhersagen und Kontrollieren"). Stabilität und Erfolg sollen durch Vorwegplanungen, zentrale Kontrolle und das Verhindern von Abweichungen erfolgen. Konsequent war daher auch das Ziel die perfekte Organisationsform vorneweg abzuleiten und zu implementieren, um ein möglichst effizientes Handeln zu ermöglichen. Eine solche Organisationsform passt gut in ein relativ statisches Umfeld wie zu den Zeiten der Industrialisierung, so dass besonders günstig produziert werden konnte. Heutzutage besteht die primäre Herausforderung allerdings darin, möglichst schnell auf Veränderungen reagieren zu können und die Lösungsentwicklung erfordert meistens bereichs-, fach- bzw. Disziplinen übergreifende Zusammenarbeit. Ferner funktioniert das Prinzip „Predict and Control" immer weniger, da sich die zukünftige Entwicklung aufgrund vielseitiger Abhängigkeiten und dem schnelleren Wandel immer weniger sinnvoll vorhersagen lässt. Zunehmend stoßen daher in immer mehr Branchen klassische Organisationen an ihre Grenzen und haben große Mühe, mit dem sich beschleunigenden Wandel noch Schritt halten zu können. Was muss nun eine neue Organisationsform mitbringen, um diesen neuen Herausforderungen besser gerecht werden zu können?

Anforderungen an zukünftige Organisationsformen

Gleich vorneweg, es gibt nicht die perfekte Organisationsform, die für jede Branche, jede Firmengröße, jedes Land geeignet ist und dann am besten noch für immer und ewig so bleibt, wenn man diese erst einmal eingeführt hat. Wäre dem so, dann hätte man sie sicherlich schon gefunden. Aus meiner Sicht bekommen aber die folgen Kriterien eine immer stärkere Bedeutung für erfolgreiches Arbeiten und müssen daher in der Ausgestaltung einer Organisationsform verstärkt berücksichtigt werden.

1. **Anpassungsfähigkeit und Flexibilität:** Schon in der Vergangenheit hat man versucht, sich ändernden Rahmenbedingungen durch Reorganisationen gerecht zu werden, die gefühlt in immer kürzeren Abständen vollzogen werden. Dies liegt darin begründet, dass sich, getrieben durch den sich immer zügiger vollziehenden technologischen und gesellschaftlichen Fortschritt, auch die Anforderungen an die organisatorische Aufstellung immer schneller ändern. Wer schon eine oder mehrere Reorganisationen miterleben durfte, weiß, dass so sinnvoll die Maßnahme auch sein mag oder zuweilen eben auch nicht, eine Organisation für lange Zeit erst einmal primär mit sich selbst beschäftigt ist und sie sich ihren eigentlichen Aufgaben nicht voll und ganz widmen kann. Daraus leitet sich bereits eine entscheidende neue Anforderung an die Organisationsform einer Firma ab. Die Organisationsform sollte an sich schon möglichst flexibel sein und sich bestenfalls kontinuierlich und schrittweise den sich ändernden Marktanforderungen anpassen lassen. In gewisser Weise bedeutet das eine kontinuierliche Reorganisation in sehr kleinen Schritten. So kann man bei Bedarf immer die Strukturen ändern und überfordert die eigene Firma durch diese kleinen Schritte nicht, so dass die zeitweise Lähmung wie bei klassischen Reorganisationen ausbleibt, bis sich dort nach der Organisation die neuen Prozesse eingespielt haben. Wie man die Organisationsstruktur gestalten muss, um diesem Aspekt Rechnung tragen zu können, gehe ich dann im kommenden Unterkapitel ein.

2. **Entscheidungsfähigkeit:** Agil oder klassisch ist ganz egal. Eine Organisation muss immer entscheidungsfähig und damit handlungsfähig sein. Was auf den ersten Blick banal erscheinen mag, stellt sich häufig in der betrieblichen Praxis als gar nicht so einfach und selbstverständlich heraus. Häufig dauern Entscheidungen ewig z.B., weil nicht geklärt ist, wer etwas überhaupt entscheiden darf oder Entscheidungsträger nicht das notwendige Wissen dafür haben oder ihnen aufgrund der Vielzahl notwendiger Entscheidungen schlichtweg die Zeit fehlt. Das führt zu Wartezeiten bei anderen und lähmt im Zweifel die gesamte Organisation, während der Wettbewerb eventuell schon vorbeizieht. Eine starke Organisationsform

sollte also gute und schnelle Entscheidungen ermöglichen bzw. fördern.

3. **Fokus:** Jede erfolgreiche Firma braucht Richtung, ein gemeinsames Ziel bzw. Vision, an der alle ihr Handeln ausrichten. Eine erfolgreiche Organisationsform muss Prozesse beinhalten, die eine solche klare Richtung hervorbringen und bei Bedarf anpassen aber auch als richtungsweisend für die gesamte Organisation vorgeben und durchsetzen kann. Es muss sichergestellt sein, dass nicht nur ein klarer Fokus existiert sondern auch, dass dieser allen Mitarbeiterinnen und Mitarbeitern bekannt ist und sie sich und ihr Handeln daran ausrichten.

4. **Schnelligkeit:** Wenn Zeit mehr und mehr der kritische Aspekt wird, der über Erfolg und Misserfolg entscheidet, dann gewinnt Schnelligkeit als Kriterium für die Ausgestaltung einer Organisationsform eine zunehmend wichtige Bedeutung. Eine Organisation muss in die Lage versetzt werden, schnell auf Marktveränderungen reagieren zu können, im Zweifel schnell auch einen eingeschlagenen Kurs korrigieren oder auf neue Erkenntnisse eingehen zu können. Um eine solche Schnelligkeit über die gesamte Firma hinweg erreichen zu können, müssen als Kernvoraussetzung die Entscheidungsprozesse deutlich beschleunigt werden.

5. **Autonomie:** Selbst bestimmtes motivierendes Arbeiten verlangt größtmögliche Autonomie des Einzelnen. Es muss weiterhin Regeln für alle geben, damit ein erfolgreiches gemeinsames Arbeiten ermöglicht wird, aber es sollten so wenig Regeln wie nur irgendwie möglich aufgestellt werden. Viele und komplizierte Regelungen hemmen Kreativität, die Motivation, den Eigenantrieb und führen am Ende zu einer Lähmung der Organisation. Infolgedessen sollte aus meiner Sicht die maximal mögliche Autonomie des Einzelnen angestrebt werden. Der Schnitt von Rollen, Teams oder Einheiten sollte darüber hinaus immer zum Ziel haben Abhängigkeiten zu reduzieren, damit eben diese Teams und Einheiten auch eine maximale Autonomie erfahren können und ohne große Abstimmungsaufwände ihre Themen vorantreiben

können. Dies fördert nicht nur einen schnellen Fortschritt, sondern auch die Motivation der Mitarbeitenden.

6. **Transparenz:** Eine Organisationsform sollte auch eine Kultur der Offenheit und Transparenz fördern. Wichtige Informationen sollten für alle ohne Hürden zugänglich sein. Wie oft erlebt man in der betrieblichen Praxis, dass einzelne Arbeiten in verschiedenen Abteilungen doppelt gemacht werden, einzelne Projekte verschiedener Abteilungen sich letztlich gegenseitig behindern oder notwendige Informationen oder Daten, aus welchen Gründen auch immer, versteckt bzw. nicht zugänglich gemacht werden. Durch größtmögliche Transparenz kann eine Firma besser auf ein gemeinsames Ziel ausgerichtet werden, Widersprüche im Vorgehen werden schneller deutlich und Daten bzw. Informationen können unternehmensweit nutzenstiftend eingesetzt werden. Diese Transparenz für alle fängt bei den Rollenbeschreibungen mit Aufgaben und Verantwortlichkeiten an, setzt sich über laufende Projekte und Initiativen sowie deren Stand fort und hört bei verfügbaren Daten und Informationen nicht auf. Man sollte sich nicht fragen, warum muss das jemand wissen?, sondern andersherum, warum darf das jemand nicht wissen?!

Die agile Organisation

Wie muss eine Organisation aufgestellt sein, damit die eben erläuterten Anforderungen zunehmend erfüllt werden? Dazu möchte ich vom einzelnen Mitarbeitenden über Teams bis hin zur gesamten Organisation und den Abstimmungs- bzw. Synchronisationsmechanismen den Bogen spannen und dabei mit den Veränderungen auf der Mitarbeiterebene beginnen. Doch zuvor möchte ich noch darauf eingehen, was aus meiner Sicht eine agile Organisation nicht sein sollte.

Es bedeutet nicht, die bestehende Struktur komplett aufzulösen oder dass man keine Struktur mehr hat und alle machen, was sie wollen. Es bedeutet auch nicht, dass alles nur im Konsens entschieden wird, wie man vielleicht meinen könnte. Dass alle Gehör finden und dass man nach Möglichkeit Lösungen findet, welche von allen getragen werden, ist sicherlich eine gute Sache. Solche Entscheidungen haben in der Regel eine hohe Akzeptanz bei den Mitarbeitenden, da sie gemeinschaftlich getroffen wurden und die verschiedenen Sichtweisen berücksichtigen. Was bei wenigen Teammitgliedern noch gut funktionieren mag, wird mit zunehmender Personenzahl immer schwieriger und irgendwann schließlich unmöglich. Infolgedessen kann die Entscheidungsfindung extrem langwierig werden und eine solche Organisation massiv lähmen. Wie und durch wen sollten also in einer agilen Organisation Entscheidungen getroffen werden? Wie schon in den vorangegangenen Kapiteln angeklungen, sollten Entscheidungen von denen getroffen werden, die das notwendige Wissen haben und von den Auswirkungen betroffen sein werden. Das führt in der ersten Konsequenz dazu, dass mehr Entscheidungsspielraum auf die einzelnen Mitarbeiter übergeht.

Um den Unterschied deutlich zu machen, lasst uns das mal an einem konkreten Beispiel beobachten. Während in einer „klassischen" Organisation sehr wahrscheinlich ein Teamleiter eines Entwicklerteams festlegen würde, welche Programmiersprache eingesetzt wird, würde das in einer agilen Organisation wahrscheinlich der Entwickler bzw. die Entwickler in der Gruppe machen. Einerseits, weil diese sich in der Regel mit ihren Arbeitswerkzeugen besser auskennen als ein Teamleiter und sie somit das beste Wissen für diese Entscheidung haben. Andererseits müssen sie aber dann damit arbeiten und sind somit also auch die Betroffenen der Entscheidung. Natürlich haben diese Entwickler die Pflicht, die Bedürfnisse anderer Rollen an die Programmiersprache bei ihrer Entscheidung zu berücksichtigen (Kompatibilität mit anderen Systemen, Kosten usw.). Jetzt könnte man hier natürlich argumentieren, dass der Teamleiter sich doch besonders gut mit z.B. Programmiersprachen auskennen sollte, wenn er Leiter dieses Teams ist. Wenn man sich dann aber bewusst macht, dass Teams zunehmend interdisziplinär werden und z.B. noch Juristen, Business Analysten und andere Rollen mit Spezialwissen beinhalten, wird klar, dass eine Person nicht das beste und tiefste Wissen in all diesen Disziplinen in sich vereinen kann.

Rollen im Team

Daraus folgt also fast zwangsläufig, dass in solchen interdisziplinären Teams ein Teil der Entscheidungsgewalt in das Team auf die verschiedenen Rollen übergehen muss. Das ist damit der erste wichtige „neue“ Aspekt einer agilen Organisation. Die Aufgaben der klassischen Führungskraft gehen auf die einzelnen Teammitglieder und bestimmte Sonderrollen über, so dass es Rollen wie Teamleiter und Abteilungsleiter nicht mehr gibt.

Da es nicht „die“ agile Organisation gibt und es auch keine Instanz gibt, welche bestimmte Rollen vorschreiben könnte, variieren diese oft in ihrer Ausprägung von Konzept zu Konzept oder von Firma zu Firma. Fast immer finden sich aber die folgenden drei Rollen angelehnt an SCRUM, wenn man von einer agilen Organisation spricht. Ein weiteres Konzept, welches ich sehr interessant finde und dessen Rollen und Vorgehen SCRUM auch sehr ähnlich ist, ist Holacray. Der von Brian J. Robertson entwickelte Ansatz fokussiert dabei gezielt auf die Organisation als solches und nicht nur auf Projektmanagement. Im Folgenenden gehe ich daher insbesondere auf die in den verschiedenen Ansätzen gleichen und wesentlichen Aspekte ein. Unterschiede im Detail sind aus meiner Sicht vernachlässigbar.

Product Owner

Product Owner (Lead Link bei Holacracy):

Analog zu SCRUM kümmert sich der Product Owner um das, was gemacht werden soll. Er definiert also mit seinem Team die Teamstrategie und -vision, entwickelt Teamziele und gibt bei den umzusetzenden Themen im Zweifel die Priorisierung vor, um Spannungen um knappe Ressourcen aufzulösen. Sie oder er stellt sicher, dass die eigenen Teammaßnahmen in Einklang mit der Firmenstrategie sind und sich daran orientieren und widerspruchsfrei sind. Darüber hinaus ist er oder sie für die Wirtschaftlichkeit und Controllingaspekte des Teams verantwortlich

Fast genauso spannend ist aber auch hervorzuheben, was der PO nicht macht bzw. wo er keine Befugnisse hat. Der PO gibt z.B. den Teammitgliedern nicht vor, wie sie ihre Arbeiten zu machen haben, setzt keine zeitlichen Fristen, sondern priorisiert nur deren Wichtigkeit. Er kümmert sich nicht um disziplinarische Aufgaben, wie Urlaubsfreigaben, Jahresmitarbeitergespräche oder um die Fortbildungsmaßnahmen.

Der Product Owner wird von Geschäftsführung oder, z.B. im Fall eines Team Pos, von den Mitgliedern der Einheit ernannt, von der das Team einen Teil bildet bzw. wo das Team aufgehangen ist. Ob dabei nur der Team PO und Agility Master der Einheit ein Mitspracherecht haben oder die anderen Teammitglieder der Einheit ein Vetorecht oder ähnliches, variiert von Firma zu Firma. Hier gibt es auch kein Richtig oder Falsch. Wichtig ist nur, dass der Prozess dazu klar und allen transparent ist. Dennoch plädiere ich persönlich für möglichst viel Teilhabe aller Teammitglieder der Einheit, um eine hohe Akzeptanz der Entscheidungen zu gewährleisten.

Agility Master (Rep Link bei Holacracy)

Im Team nimmt der Agility Master, vereinfacht gesagt, die Aufgaben eines SCRUM Masters war, welche noch um die disziplinarischen und organisatorischen Aspekte erweitert werden. So kümmert sie oder er sich um die Verbesserung der Methodenkompetenz und der anderen Kompetenzen der

Teammitglieder und ist Hüter des Prozesses, sorgt sich also darum, dass sich alle an die gemeinsamen Regeln und das abgestimmte Vorgehen halten. Darüber hinaus liegen die Urlaubsfreigabe, Jahresgespräche, disziplinarische Maßnahmen, Personalgewinnung im Verantwortungsbereich des Agility Masters. Häufig wird in dem Zusammenhang für den Agility Master auch der Begriff des Facilitators des Teams verwendet, welcher zum Ausdruck bringen soll, dass der Agility Master primär die Arbeitsfähigkeit des Teams sicherstellt.

Auch der Agility Master setzt dem Team keine zeitlichen Fristen oder schreibt vor, wie die einzelnen Mitglieder ihre Arbeiten zu erledigen haben. Bei den Aufgaben, welche dem PO zugeordnet sind, kann der AM z.B. bei der Durchführung von Workshops unterstützen. Das letzte Wort hat im Zweifel bei den strategischen oder wirtschaftlichen Aspekten der PO.

Sie oder er wird allein vom Team gewählt und kann auch durch das Team wieder abgesetzt werden und stellt somit auch eine Art Vertreter der Teambelange nach außen dar. Sie oder er nimmt Spannungen in der Zusammenarbeit innerhalb wie auch mit Stellen außerhalb des Teams auf und hat zur Aufgabe, eine Lösung dieser voranzutreiben.

Umsetzungsteam

Umsetzungsteammitglieder

Die Rollen der einzelnen Teammitglieder zeichnen sich gegenüber klassischen Organisationen durch ein Maximum an möglicher Autonomie aus. Ein Teammitglied kann selbst bestimmen, wie es seine Aufgaben angeht und seine Ziele erreicht. Hier unterscheiden sich auf den ersten Blick die Ansätze von SCRUM und Holacracy etwas. Bei SCRUM gibt es immer ein Backlog, in dem die Themen für das Team gesammelt und durch den PO priorisiert abgelegt werden und sich jedes Teammitglied jedes Thema ziehen kann. Bei Holacracy muss es ein solches Backlog nicht geben. Dem Mitarbeiter wird dort durch den Lead Link (PO) eine gewisse Rolle zugewiesen, mit der für bestimmte Themen eine Verantwortung einhergeht. So könnte ein Kollege für das Thema Marketing im Team verantwortlich sein. Damit hätte dieser Kollege die Verantwortung für Marketingthemen und -ziele, könnte aber immer selbst bestimmen, welche Aufgaben oder Maßnahmen er oder sie für die Zielerreichung angehen möchte. Persönlich erachte ich das allerdings auch nicht wirklich als Widerspruch zu dem Vorgehen bei SCRUM, denn mit der Zeit kristallisieren sich in jedem Team für bestimmte Themengebiete Experten heraus, die dann eine Rolle wie bei Holacracy propagiert einnehmen.

Mit den damit einhergehenden neuen großen Freiheiten gehen auch große Verantwortung einher. Man muss sich selbst Gedanken machen, wie man die gesetzten Ziele am besten erreicht. Man strukturiert und plant seine Aufgaben selbst, ohne dass dazu eine Chefin oder Chef Vorgaben macht bzw. vordenkt. Das Arbeiten in dieser Form macht den meisten viel Spaß, verlangt aber auch ein hohes Maß an Eigenorganisation und Selbstständigkeit. Hier stoßen Einzelne doch an ihre Grenzen, insbesondere wenn ein Arbeiten in dieser Form bisher ungewohnt war.

Wie zuvor bereits erwähnt gehen damit die Führungsaufgaben der alten Chefrolle auf die neuen Rollen Product Owner, Agility Master und Umsetzungsteammitglied über. Das kann bei einer Transformation insbesondere am Anfang häufig zu Unklarheiten bei den Zuständigkeiten und Entscheidungsspielräumen führen. Deswegen ist für jede Rolle eine genaue Beschreibung essentiell.

Rollenbeschreibungen

Um deutlich zu machen, welche Entscheidungshoheit mit welcher Rolle einher geht und wo dieser Entscheidungsspielraum endet, ist eine präzise Rollenbeschreibung unerlässlich. Diese Rollenbeschreibung ändert sich dabei kontinuierlich und ein Mitarbeiter kann mehrere Rollen innehaben, falls dies für ihn zeitlich möglich ist. Die Rollenbeschreibung muss unbedingt allen auf einfache Art und Weise zugänglich sein, um die notwendige Transparenz zu schaffen und Diskussionen über Zuständigkeiten vorzubeugen. Brian J. Robertson schlägt dazu in seinem Buch „Holocracy“ eine Beschreibung von der Struktur her wie in dem Beispiel in der Tabelle vor. Insbesondere das Ziel, Sinn und Zweck (engl. Purpose) der Rolle halte ich für einen wichtigen Aspekt, der häufig in klassischen Rollenbeschreibungen fehlt, in denen beschrieben wird, was gemacht werden soll, aber bei denen nicht auf das Warum eingegangen wird.

Beispiel	Teamrolle
Rollenbezeichnung	Produktpromotion
Ziel, Sinn und Zweck der Rolle	Verkaufsförderung
Aufgabengebiet	Ableitung verkaufsfördernder Maßnahmen für die Produkte des Teams
Verantwortlichkeiten, Befugnisse und Pflichten	- entscheidet selbst, welche Maßnahmen zur Verkaufsförderung basierend auf den verfügbaren Mitteln abgeleitet werden - erarbeitet einen Kommunikations- und Aktionsplan und setzt dessen Maßnahmen um - berücksichtigt Zeitrestriktionen aus der Produktentwicklung - stimmt sich eigenständig mit Konzernmarketing ab und stellt einheitlich Kommunikation im Corporate Design sicher -..... -..... -.....

Teams

Wie vorher bei den Rollenbeschreibungen angeklungen, setzt sich ein Team aus den Rollen Product Owner, Agility Master und den Umsetzungsteammitgliedern zusammen. Mit einer Teamgröße von 7 (+-2) Teammitgliedern fährt man in den meisten Fällen sehr gut. Bei zu großen Teams leidet die Kommunikation und bei zu kleinen die Effizienz. Häufig werden agile Teams als Kreise anstatt als Kästen wie in klassischen Organigrammen dargestellt. Damit soll einerseits die fehlende Hierarchie und das Arbeiten auf Augenhöhe symbolisiert werden. Und andererseits soll auch der Netzwerkgedanke sowie die Eigenständigkeit der Teams ähnlich einzelner Zellen in einem lebenden Organismus betont werden.

Mehrere Teams werden dann wiederum in einem weiteren größeren Kreis zusammengefasst, welcher auch wieder einen Product Owner und Agility Master und Umsetzungsteammitglieder hat. Dabei bilden für den größeren Kreis die Agility Master und Product Owner der Teams das Umsetzungsteam, welches allerdings auch durch Mitarbeiter ohne Team ergänzt werden kann. Solche größeren Kreise werden häufig als Einheiten, Cluster oder Super-Circle bezeichnet. Letztlich ist aber die Benennung auch zweitrangig. Je nach Größe der Firma werden mehrere Ebenen an Subkreisen zu größeren Kreisen zusammengefasst, bis die gesamte Firme mit der Geschäftsführung in einem alles umfassenden Kreis zusammengefasst ist.

Wie bereits in der Rollenbeschreibung angeklungen und im Schaubild durch die Pfeile symbolisiert, wird die Synchronisation zwischen einem Kreis (z.B. von einem Team) und dem größeren Kreis (z.B. einer Einheit) über den Product Owner und den Agility Master sichergestellt. Dabei stellt der Product Owner in seinem Team die Synchronisation mit der übergeordneten Geschäftsstrategie sicher und der Agility Master bringt wiederum die Belange der einzelnen Teammitglieder im nächstgrößeren Kreis ein und stellt eine Art Vertreter für sein Team dar.

Die einzelnen Teams, Einheiten oder Cluster zeichnen sich dabei auch wieder durch ein Maximum an Autonomie aus, ähnlich wie das schon bei den Teamrollen der Fall war. Dies kann sich z.B. dadurch äußern, dass die einzelnen Teams eigene Business Cases entwickeln und Geschäft akquirieren können und durch einen Business Case gedeckt neues Personal einstellen können. Letztlich sollten einzelne Kreise bzw. Teams, Einheiten und Cluster freie Hand beim Entscheiden haben, so lange das keine negativen Auswirkungen auf andere Teams oder die Firma als solches hat. Das klingt jetzt leider alles etwas theoretisch, weil es auch immer auf die Gegebenheiten je Firma und deren Branche ankommt. Am ehesten kann man diesen Grundsatz aber vielleicht durch ein Zitat von Emanuel Kant zum Ausdruck bringen: „Die Freiheit des

Einzelnen endet dort, wo die Freiheit des anderen endet.“ Im Firmenkontext kann man das als einen Appell gegen überbordende Bürokratie und Regulierung verstehen.

Dennoch muss oder sollte es auch in einer agilen Organisation ein gewisses Maß an allgemeingültigen Regeln geben, die einen Rahmen für die Gesamtorganisation bilden. Solche Regeln können z.B. die Besoldung von bestimmten Fähigkeiten und Funktionen betreffen, um hier firmenweit eine Einheitlichkeit sicherzustellen. Diese Regeln können beispielsweise durch bestimmte Gilden oder Communities erarbeitet werden, in denen sich auch Vertreter der einzelnen Teams einbringen können. Insbesondere bei Themen, die alle oder viele Teams betreffen und diese vor größere Herausforderungen stellen, ist ein Austausch über übergreifende Communities sinnvoll, sei es zum Einsatz spezieller Technologien oder zum Erfahrungsaustausch bei der Kundenakquise. Auf diese Weise kann sichergestellt werden, dass nicht jedes Team sich die gleichen Fähigkeiten oder Wissen selbst aneignen muss. Stattdessen kann auf das Wissen und die Erfahrungen anderer Teams in der Firma zurückgegriffen werden.

Abstimmung, Synchronisation und Unternehmensentwicklung

Eingangs habe ich beschrieben, dass für Unternehmen Flexibilität und Anpassungsfähigkeit von immer größerer Bedeutung werden, um den sich heutzutage ständig und schnell ändernden Marktbedingungen Rechnung zu tragen. Komplette Reorganisationen einer Firma in immer kürzeren Abständen können nicht die Lösung sein, da sie eine Organisation zu lange lähmen. Stattdessen sollte sich eine Firma beständig auch in ihren Organisationsstrukturen weiterentwickeln, also praktisch eine andauernde Reorganisation in kleinen Schritten durchlaufen. Doch wie kann man so etwas angehen und was hat das eigentlich mit Meetings, Abstimmungen und Synchronisation in einer Firma zu tun? Brian J. Robertson fährt dazu einen sehr interessanten Ansatz. Demnach sollte man sich bei jedem Abstimmungsbedarf fragen, ob dieser ursächlich darin liegt, dass der Verantwortungsschnitt und die Entscheidungshoheit nicht klar oder ungünstig geschnitten sind. In diesen Fall sollte vor der Klärung der eigentlichen Sachfrage erst eindeutig die Verantwortlichkeit geklärt werden. Dazu unterscheidet Brian zwei Arten von Besprechungen. Einerseits sogenannte Governance Meetings, in denen u.a. der Verantwortungs- und Entscheidungsbereich einer Rolle festgelegt oder neu definiert wird und den Tactical Meetings, in denen Sachfragen geklärt werden. Ein großer Vorteil dieser Unterscheidung ist, dass man diese beiden Typen von Klärungsbedarf nicht vermengt und so unnötige Diskussionen vermeidet, die bedingt durch ungeklärte Zuständigkeiten begründet sind. Ein weiterer Vorteil ist, dass man sich kontinuierlich und bewusst Zeit nimmt, um an der Organisation selbst zu arbeiten und diese kontinuierlich weiterzuentwickeln und zu verbessern. Anstatt in unregelmäßigen Abständen eine Reorganisation durchzuführen, wird dauerhaft die Organisation an den sich ändernden Rahmenbedingungen und Erfordernissen angepasst und zwar genau immer dann, wenn in diesem Zusammenhang Spannungen auftauchen. Bei jedem Konflikt, jeder Spannung und Diskussion wird daher zuerst gefragt, ob dies durch eine organisatorische Anpassung gelöst werden könnte. Beispielsweise könnte für den bestehenden Konflikt zwischen verschiedenen Kollegen ursächlich sein, dass nicht genau festgelegt ist, wer dies final entscheiden kann oder wie die Belange aller berücksichtigt werden können. In einem solchen Fall würde dieses organisatorische Thema in einem Governance Meeting adressiert werden, um zukünftige Konflikte in diesem Bereich zu vermeiden. Wichtig ist allerdings dabei anzumerken, dass nicht für alles kleinteilige Regeln abgeleitet werden sollen, sondern dass in diesem Fall einfach möglichst trennscharf die Verantwortlichkeiten und Entscheidungsspielräume adjustiert werden. Hier ein kurzer Blick darauf, was Inhalt der Besprechungstypen ist, wie sich diese vom Teilnehmerkreis zusammensetzen und sie grob ablaufen.

Governance Meetings: Da Spannungen bzgl. der Organisationstruktur bzw. den Verantwortlichkeiten in der Regel nicht so häufig auftreten, sollten monatliche Termine auf Team-, Einheiten und Clusterebene für diesen Zweck ausreichend sein. Allerdings kann es durchaus Phasen geben wie z.B. am Anfang beim Umstellen auf agiles Arbeiten, wo häufiger adjustiert werden muss. Dann ist es natürlich völlig ok solche Termine häufiger stattfinden zu lassen. Umgekehrt allerdings sollten solche Termine auch nicht zu unregelmäßig stattfinden, um aufkommende Spannungen auch wirklich zeitnah klären zu können.

An solchen Terminen nehmen alle aus dem jeweiligen Team teil. Bei größeren Aggregationen wie Einheiten oder Clustern bedeutet das, dass Product Owner, Agility Master von den Subteams und direkt in der Einheit oder Cluster beheimatete Mitarbeitende teilnehmen. Da Cluster über die Einheiten deren Subteams eine Größe von mehreren Hundert Mitarbeitern umfassen können, ist klar, dass nicht alle aus den Subteams an einem solchen Termin auf Clusterebene teilnehmen können. Zu diesem Zweck gibt es aber auch die Governance Meetings auf Teamebene, wo Spannungen adressiert werden können, welche dann vom Agility Master oder Product Owner in der Einheit adressiert werden können, falls diese in einem Team z.B. wegen Abhängigkeiten zu anderen Teams nicht geklärt werden können. Innerhalb eines Teams kann bei fehlendem Konsens der Product Owner den Verantwortungsbereich einer Rolle festlegen.

Genau das sollte auch der Fokus des Termins sein. Es werden gemeinsam neue Rollen definiert und verabschiedet. Bestehende Rollen werden bei Bedarf angepasst oder auch aufgelöst. Es werden Prozesse und Richtlinien für alle erarbeitet und festgelegt. Dazu empfiehlt es sich, einen Moderator für den Termin festzulegen, um sicherzustellen, dass der Fokus auf Governancethemen gewahrt bleibt. Häufig übernimmt der Agility Master diese Aufgabe.

Tactical Meetings:

Diese Art von Termin findet in der Regel wöchentlich statt und ist mit klassischen Jour Fixen bzw. Teambesprechungen vergleichbar, so dass ich auch nicht so ausführlich darauf eingehen werde. Auch hier nehmen wieder alle Teammitglieder des Teams, der Einheit oder des Clusters teil.

Der Fokus dieser Besprechung liegt auf der Klärung operativer Fragen aus dem täglichen Geschäft, darauf Feedback anderer einholen sowie Hilfe und Unterstützung anzufragen. Darüber hinaus wird dieser Termin genutzt, um die die Abstimmung zwischen Teammitgliedern und die Synchronisation des Teams als solchem sicherzustellen, Information zu aktuellen Themen und Projekten der Teammitglieder auszutauschen und ein Blick auf die Zahlen zu werden, um sich ein Bild von der aktuellen Lage zu machen. Um einen reibungslosen Ablauf zu gewährleisten, ist so wie bei anderen Meetings auch ein Moderator empfehlenswert.

Strategy Meetings:

Bedingt durch die große Autonomie des Einzelnen ist es beim agilen Arbeiten noch wichtiger, dass es für die Unternehmung eine klare Strategie gibt und diese auch allen bekannt ist. Nur so kann sichergestellt werden, dass jeder bzw. jede Einzelne sich bei den eigenen Entscheidungen daran ausrichtet und so alle auf gemeinsame Ziele hinarbeiten.

Die Strategie wird dabei initial im am weitesten umfassenden Kreis des Unternehmens (Anchor Circle bei Holacracy) in den regelmäßigen Strategiebesprechungen erarbeitet. Diese Strategie dient dann als Basis für die Subcluster, Subeinheiten oder Subteams, damit in deren Rahmen die Cluster und dann die Einheiten und Teams die Strategie für sich weiter konkretisieren können. Dieses Kaskadieren ist dabei auch dem klassischen Arbeiten nicht unähnlich, wobei dort in der Praxis vielen die strategische Ausrichtung der Firma wohl nicht so bewusst ist, wie das wünschenswert wäre. Da die Strategie jedem dabei helfen soll, gute und richtige Entscheidungen bei seiner Arbeit bei Unsicherheit zu fällen, ist es sinnvoll, wenn die Strategie durch generelle Prinzipien flankiert wird. So können Festlegungen wie „im Zweifel geht die Kundenzufriedenheit vor Profitabilität“ oder „langfristiger Erfolg geht über kurzfristige Gewinnmaximierung“ dabei helfen, auch bei unvorhergesehenen Entscheidungsbedarfen beim Abwägen zu helfen. Das bedeutet aber auch nicht, dass die Strategie und diese Prinzipien sich nicht mit der Zeit auch verändern können, wenn sich die Rahmenbedingungen für die Firma ändern, wenn z.B. Profitabilität für den Fortbestand der Unternehmung von größerer Bedeutung wird oder sich einschneidende Markt- oder Technologietrends auftun.

Daher wird auch nicht die Strategie einmal z.B. für die nächsten 5 Jahre festgelegt, sondern kontinuierlich an ihr gearbeitet, da es einfach unrealistisch ist, planen zu wollen, was in 5 Jahren sein wird. So können dauerhaft Veränderungen der Marktbedingungen oder neu gewonnene Erkenntnisse aus der Unternehmung berücksichtigt und ähnlich z.B.

einem Segelschiff der Kurs leicht angepasst werden oder auch in extremen Situationen, wie einem Sturm, schnell deutliche Kurskorrekturen vorgenommen werden. Brian empfiehlt dabei im Rhythmus von 6 Monaten für die Unternehmung bis zu den Teams in jeweils einem vier- bis sechsstündigen Workshop die Strategie zu besprechen und gegebenenfalls neu zu justieren. Aus meiner Sicht kann diese Frequenz in sehr dynamischen Märkten oder bei Startups durchaus auch häufiger, z.B. quartalsweise erfolgen oder in eher weniger dynamischen Branchen auch in geringerer Frequenz.

Fazit:

- Es gibt nicht die eine optimale agile Organisation für alle Firmen und Brachen und daher kann es auch nicht die eine Blaupause für alle geben.
- Eine agile Organisation lebt und entwickelt sich kontinuierlich weiter, anstatt in gewissen Abständen größere Reorganisationen durchzuführen.
- Es gibt keine klassische Hierarchie mehr. Stattdessen gehen Führungsaufgaben des „alten Chefs" auf die neuen Rollen PO, AM und Umsetzungsteam, also auf jeden einzelnen Mitarbeitenden über.
- So geht viel Verantwortung und Entscheidungsspielräume auf den Einzelnen über, was viel Spaß durch selbstbestimmtes Arbeiten bereitet, aber auch ein hohes Maß an Selbstorganisation der Mitarbeitenden erfordert.
- Damit Einzelne, die sehr dominant sind, nicht die fehlende formelle Hierarchie durch eine informelle ersetzen, braucht es Hüter der Prozesse und der aufgestellten Regeln. Auch eine Art Verfassung für die Firma kann dabei helfen.
- Agile Organisationen sind nicht spannungsfrei und lösen auch nicht alle Probleme und Konflikte, können aber in der Regel zu einer besseren Anpassung an die heutigen Herausforderungen führen.

Vertiefende Literatur

- Du möchtest dich detaillierter damit auseinandersetzen, wie eine agile Organisation aussehen könnte, welche Rollen, Prozesse und Regeltermine es braucht und wie man am besten die Transformation dorthin durchführt? Einen spannenden Ansatz dazu präsentiert Brian Robertson in seinem Buch Holacracy?

  ⇒ **Holacracy** – The Revolutionary Management System That Abolishes Hierarchy, von Brian J. Robertson, erschienen bei Penguin Random House UK (2015)

  ⇒ Unter **www.holacracy.org** findest du einige ergänzende kostenlose Inhalte wie Erfolgsstorys transformierter Firmen, Workshop Materialien und die Holacracy Constitution, die ähnlich einer Verfassung eines Staates die grundlegenden Zusammenarbeitsregeln einer nach Holacrycy operierenden Firma festlegt

- Dich interessiert insbesondere die historische Perspektive, wie sich die verschiedenen Organisationsformen entwickelt haben? Du legst besonderen Wert auf den Aspekt des Werte- und Kulturwandels und wie dieser Organisationen prägt und befähigt? Dir ist wichtig herausgestellt zu bekommen, wie sich die neuen agilen Organisationen von anderen Organisationsformen unterscheiden? Dann kann ich dir insbesondere „Reinventing Organizations" von Frederic Laloux empfehlen.

  ⇒ **Reinventing Organizations** – A guide to Creating Organizations Inspired by the Next Stage of Human Consciousness, von Frederic Laloux, erschienen bei Nelson Parker (2014)

- Dich interessiert insbesondere, wie man die Schnelligkeit einer Organisation beflügeln kann? Dabei legst du besonderen Wert darauf, die Innovationskraft und den Lernprozess deiner Firma zu verbessern? Du möchtest deine Firma stärker an den

Kunden- und Marktbedürfnissen ausrichten? Dann lohnt sich sicherlich „The Lean Startup“ von Eric Ries für dich.

⇒ **The Lean Startup** – How Constant Innovation Creates Radically Successful Businesses, von Eric Ries, erschienen bei Penguin Random House UK (2011)

6 Fallstricke in der Praxis und Lösungsansätze

Egal, ob man das agile Arbeiten nur für seine Projekte einführt oder sogar die gesamte Organisation auf agiles Arbeiten umstellt, können bei schlechter Implementierung eine Vielzahl von Problemen auftreten. Daher sollte man die folgenden Punkte unbedingt sicherstellen:

Klare Rollen, Aufgabenverteilung und Verantwortlichkeiten

Jedem sollte von Anfang an klar sein, welche Aufgaben und Verantwortlichkeiten mit seiner Rolle einhergehen. Das sollte möglichst konkret für alle Rollen wie Product Owner, SCRUM Master oder Agility Master und dem Umsetzungsteam beschrieben, festgehalten und allen zugänglich gemacht werden. Das so strikt zu handhaben, widerstrebt zwar einigen und wird teilweise als wenig agil empfunden. Andererseits führt fehlende Klarheit darüber entweder zu endlosen Diskussionen, bei denen sich keiner befugt fühlt zu entscheiden oder die Entscheidungen werden nicht akzeptiert und es fehlt ihnen der notwendige Rückhalt. Ein daraus folgendes Entscheidungsvakuum lähmt Projekte und die Organisation und verhindert das eigentlich erhoffte schnelle Voranschreiten. Darüber hinaus kann es auch passieren, dass bei unklarer Verantwortlichkeit gerade die ungeliebten Aufgaben liegen bleiben und jeder nur das tut, wozu er gerade Lust verspürt. In einem eingespielten Team und bei der richtigen Einstellung der Einzelnen wird ein strenger Aufgaben- und Verantwortungszuschnitt weniger wichtig. Dann ziehen alle an einem Strang und vorher nicht explizit zugewiesene Aufgaben oder Verantwortlichkeiten werden von denen freiwillig und von sich aus übernommen, die diese am besten ausfüllen können.

Ausreichende Vorbereitung und Schulungen

Die Einführung von agilem Arbeiten ist ein langwieriger Prozess und kein bloßes Umlegen eines Schalters und sollte daher unbedingt gut und langfristig durch Coaches und Fortbildungen vorbereitet und begleitet werden. Diese sollten neben der Methodik aber auch das agile

Mindset thematisieren und Hilfestellung für neue Tools wie Jira und Co bereithalten, um eine Überforderung aufgrund der Vielzahl an Neuerungen zu vermeiden. Nicht ausreichend zu schulen, führt zwangsläufig zu Chaos und Frust bei allen Beteiligten. Daher ist auch eine schrittweise Umstellung zu empfehlen, bei der man erst den nächsten Schritt geht, wenn sich der vorherige bewährt und sich das Vorgehen bei allen eingeprägt hat und so die Bereitschaft oder noch besser die freudige Erwartung auf die nächsten Neuerungen besteht.

Nachhaltiger Kulturwandel

Der Umstieg vom klassischen Arbeiten zum agilen sollte unbedingt durch einen Kulturwandel aktiv begleitet werden, um die Belegschaft abzuholen. Je nach gelebter aktueller Firmenkultur ist das ein sehr weiter Weg zum agilen Mindset. Im schlimmsten Fall herrscht eine Law and Order Kultur vor, wo „Untergebene" Befehle empfangen und diese, ohne weiter darüber nachzudenken, umsetzen sollen. Nachfragen und eigene Ideen und selbstständiges Handeln sind unerwünscht, da die Problemlösung genauestens vorgegeben wird und selbst ein sinnvolles Abweichen unerwünscht ist und sanktioniert wird. Seitens der Vorgesetzten besteht kein Vertrauen in die Fähigkeiten und die Eigenmotivation der Mitarbeiter, so dass ständig kleinteilige Vorgaben gemacht werden und deren Umsetzung penibel kontrolliert und überwacht wird. In einer solchen Firma hat man wahrscheinlich mühsam und sehr langanhaltend den Mitarbeitern das Denken und selbstständige Arbeiten ausgetrieben. Dort kann man nicht erwarten, dass von heute auf morgen genau das gegenteilige Verhalten an den Tag gelegt wird. In solchen von Angst und Druck geprägten Firmenkulturen muss erst langsam und behutsam gelernt werden, dass Fehler willkommen sind, weil man daraus wichtige Erkenntnisse ziehen kann, dass man selbst meistens die besten Ideen hat, wie man seine Arbeit organisieren kann, dass Nachfragen kein Zeichen von Schwäche, sondern Interesse an guten Ergebnissen und Identifikation mit den Aufgaben bedeutet. Bereitet man eine solche Firma nicht erst durch einen Kulturwandel auf die neuen Werte vor, werden auch hier die innovativen Lösungen ausbleiben.

Rückhalt von Team, Belegschaft, Management

Ein ganz wichtiges, wenn nicht sogar das wichtigste Kriterium für das Gelingen der Transformation ist der uneingeschränkte Rückhalt durch alle. Da dieser Weg auch kein einfacher werden wird, ist klar, dass fehlender Rückhalt und halbherziges Umsetzen nicht den gewünschten Erfolg mit sich bringen werden. Vielmehr besteht die Gefahr einer selbsterfüllenden Prophezeiung, bei der ja schon immer alle vorher gewusst haben, dass das nichts werden kann und so stets versuchen, Beweise für diese eigene Theorie zu finden. Um das zu vermeiden bzw.

dem von Anfang an entgegenzuwirken, ist es unheimlich wichtig eine positive, bildhafte Vision der zukünftigen Zusammenarbeit zu entwerfen, in der sich möglichst alle wiederfinden und Lust darauf haben. Wenn alle vom Ziel überzeugt sind, wird es auch einfacher, unvermeidbare Durststrecken durchzustehen. Um möglichst viele wirklich auf die Reise mitzunehmen, ist es zudem wichtig den Raum, die Zeit und das Vertrauen zu schenken, Ängste im Rahmen dieser Transformation ansprechen zu können. Zeigt sich, dass diese ernst genommen werden und diese durch konsequent eingeleitete Maßnahmen bekämpft werden können, steigt auch der Rückhalt innerhalb der Belegschaft deutlich und der Erfolg wird viel wahrscheinlicher. Dies setzt aber auch voraus, dass die Geschäftsführung voll hinter den agilen Werten steht und die Transformation aktiv begleitet und unterstützt.

Durchhaltevermögen

Meist zeigen sich bei guter Vorbereitung nach einigen Anlaufschwierigkeiten sehr bald die ersten Erfolge. So werden z.B. bei einem IT-Projekt schnell neue Funktionen in einer Software bereitgestellt, die von den Endanwendern gleich genutzt werden können. Früher wäre man erst noch vor der Einführung mit dem Grobkonzept beschäftigt gewesen und wäre im Anschluss daran mit einem Fachfeinkonzept fortgefahren. Diese neuen schnellen Erfolge führen nicht selten zu einer anfänglichen Euphorie, die mit voranschreitender Zeit immer weiter schwindet und sich in eine latente Unzufriedenheit wandeln kann, wenn man sich an die schnellen Ergebnisse gewöhnt hat und sich zunehmend mit den Herausforderungen der Methodik konfrontiert sieht. Hier gilt es nun unbedingt Kurs zu halten, sich aber den auftretenden Problemen zu stellen, diese ernst zu nehmen und Maßnahmen zur Beseitigung dieser umzusetzen. Dazu ist es wichtig, dass die Retrospektiven wirklich regelmäßig abgehalten, Probleme offen angesprochen und die Verbesserungsmaßnahmen auch konsequent nachgehalten werden. Man muss sich aber auch der Methodik immanenter Gesetzmäßigkeiten bewusstwerden und diese zu akzeptieren lernen. D.h. zum Beispiel, wenn man in komplexen Situationen, anstatt sich zu Tode zu analysieren, nun nach Trial-and-Error vorgeht und Ideen schnell ausprobiert, kann das eben auch dazu führen, dass man einmal bereits Fertiggestelltes wieder verwirft und einen anderen Weg probiert. Daher braucht es auch den langfristigen Rückhalt und die Geduld des Managements, den eingeschlagenen Weg weiterzuverfolgen und auch mit der Methodik verknüpfte nachteilige Auswirkungen zu akzeptieren.

Keine falschen Erwartungen wecken

Oftmals wird der Rückhalt bei den Mitarbeitern damit erkauft, dass seitens des Managements zu Anfang rosarote Welten gezeichnet werden, bei denen das zukünftige Arbeiten einer einzigen Selbstfindungs- und Spaßveranstaltung gleicht. Jeder macht nur noch das, was er will, was er am besten kann und was ihn in seiner persönlichen Entwicklung voranbringt. Das mag anfangs die Bereitschaft zur Transformation steigern, rächt sich aber schnell, wenn klar wird, dass agiles Arbeiten in erster Linie dazu dienen soll, bessere Ergebnisse und damit einen größeren Geschäftsnutzen zu generieren. Auch wenn sich viele Firmen aktuell gerne altruistisch geben, weil es gerade angesagt ist, sind sie es meistens eben nicht. Sie wollen und müssen sich im Konkurrenzkampf untereinander bewähren und die Schwächeren gehen über kurz oder lang unter. Im vorangegangenen Punkt habe ich aber selbst eingefordert ein attraktives Bild von der zukünftigen Zusammenarbeit zu skizzieren. Was auf den ersten Blick wie ein Widerspruch erscheinen mag, löst sich schnell auf, wenn klar wird, dass durch das agile Arbeiten sowohl die Firma (bessere Ergebnisse) als auch die Mitarbeiter (mehr Freiheit, spannendere Aufgaben) gewinnen können. Daher ist es auch gar nicht notwendig, ein so überzogen positives Bild zu zeichnen und auf diesem Weg nur Misstrauen zu säen und Frust vorzuprogrammieren.

7 Ansätze für den Start in das agile Arbeiten

Wie sicher schon in den vorangegangenen Kapiteln deutlich wurde, ist ein konsequentes Ausrichten an agilen Arbeitsmethoden mehr mit einem Marathon als mit einem Sprint vergleichbar, eigentlich sogar eher ein niemals endender Marathon, ein Ziel, an dem man kontinuierlich arbeiten muss. Daher ist davon abzuraten, von heute auf morgen ein Umschwenken auf die neue Arbeitswelt zu diktieren. Besser wäre aus meiner Sicht, erst mit einigen wenigen Projekten zu starten, optimalerweise welche, bei denen zumindest in Ansätzen bereits Erfahrungen mit der Methodik vorhanden sind, man sehr offen gegenüber dem agilen Arbeiten ist und bestenfalls große Lust und Neugierde verspürt, die Sache auszuprobieren. Ein solches Projekt oder Team kann dann später als Botschafter oder Multiplikator dienen und bei einem geplanten weiteren Ausrollen von den eigenen Erfahrungen berichten und so eventuelle Ängste anderer Teams nehmen. Zudem baut man so schrittweise eigenes Know-how in der Firma auf und kann bereits aus den Fehlern der Pionierteams lernen und diese konsequenterweise bei den neuen Teams vermeiden. Wenn die ersten Teams überwiegend positive Erfahrungen gemacht haben und diese innerhalb der Firma teilen, steigt die Akzeptanz für die neue Methodik deutlich stärker, als wenn der Wandel einfach von oben auferlegt wird. Im besten Fall entwickelt sich so eine positive Dynamik, die schrittweise auf die gesamte Organisation übergreift. Mit der Zeit erreichen dann auch die ersten Teams eine solche agile Reife, dass diese auch bei schwierigen Fällen oder Situationen beratend zur Seite stehen können. Dennoch ist es aus meiner Sicht unerlässlich, dass man auch mit fortschreitender Durchdringung der Arbeitsweise in der Firma die Bildungsanstrengungen beständig hochhält, um an einer kontinuierlichen weiteren Verbesserung zu arbeiten. Sonst besteht die Gefahr, dass sich nach ersten Erfolgen wieder alte Muster einschleichen und keine nachhaltige Entwicklung der Organisation stattfindet. Wenn man sich bewusst macht, dass kontinuierliche Verbesserung und Weiterentwicklung eine der Säulen dieser Arbeitsweise sind, sollte das aber eigentlich selbstredend sein.

8 Grenzen der Agilität

Das agile Arbeiten hat seinen Ursprung in der Softwareentwicklung, also in einem Bereich, in dem meistens in Projekten an komplexen oder zumindest komplizierten Fragestellungen gearbeitet wird. Das heißt, es wird in der Regel an etwas Neuartigem gearbeitet, was nicht nach Schema F abläuft. In solchen Fällen hat sich ein agiles Vorgehen mit Kanban und SCRUM bewährt. Die Methodik lässt sich natürlich auch über die Softwareentwicklung hinaus gut anwenden, am besten immer dann, wenn es um komplexe neuartige Probleme geht und ein schrittweises Vorgehen sinnvoll ist. Es macht aber wenig Sinn die Methoden als allgemeingültigen Heilsbringer zu sehen und sie unreflektiert auf alle Arbeitsbereiche anzuwenden. Insbesondere wenn es sich um immer wiederkehrende einfache Aufgaben handelt, die wenig komplex sind, wenig unterschiedliche Fähigkeiten und wenig Kollaboration erfordern, lässt sich die Arbeit auch anders effizient erledigen. Ganz offensichtlich ist z.B. an der Kasse im Supermarkt agiles Arbeiten nach SCRUM nicht wirklich nötig bzw. sinnvoll und so gibt es auch in jeder Firma Bereiche, wo dies nicht wirklich sinnvoll oder notwendig erscheint. Dennoch kann auch hier ein agiles Mindset, das auf Vertrauen, Einsatzwillen des Einzelnen und selbstbestimmtes Arbeiten setzt, zu einer verbesserten Zusammenarbeit und besseren Ergebnissen führen. Darüber hinaus können einzelne Elemente auch in von der Softwareentwicklung weit entfernten Bereichen sinnvoll zur Anwendung kommen. Man könnte sich dazu einen Hausmeisterdienst vorstellen, der die eingehenden Anfragen (Glühbirne Flur Haus C kaputt, Rasen mähen, Fenstergriff Wohnung 5 austauschen etc.) und deren Bearbeitung mit Hilfe eines Kanban Boards visualisiert und sich so einen guten Überblick verschafft, welche Arbeiten anstehen, wer daran arbeitet und welchen Fertigstellungsgrad die Aufgaben haben. So wie bei allem auch, hilft hier der gesunde Menschenverstand und ein differenziertes Betrachten der Situation. Ganz im agilen Sinn kann man aber auch einfach mal ein neues Vorgehen ausprobieren, daraus lernen, Anpassungen vornehmen und so immer besser werden. Zusammenfassend lässt sich sagen, dass agiles Arbeiten zwar nicht alle Probleme löst, aber ein probates Mittel ist, die Arbeit zu organisieren und ganz nebenbei auch den Spaß an der Arbeit erhöht, weil eine solche Vorgehensweise einfach mehr dem menschlichen Naturell entspricht.

Feedback

Du bist nun am Ende der zweiten Version meines Kurzratgebers zum Agilen Arbeiten angekommen. Du hast es also vorerst geschafft ;-) Ich hoffe, dass dir dieses Buch beim Einstieg in die Thematik geholfen hat, dass du Lust bekommen hast, agiles Arbeiten einmal auszuprobieren und du Anknüpfungspunkte zur Fortführung deiner persönlichen Reise gefunden hast.

In der zweiten Version meines Sachbuches habe ich den Umfang der behandelten Methoden noch einmal deutlich erweitert und versucht das Feedback meiner Leser einzubringen. Wahrscheinlich gibt es aber auch bei dieser Version noch Luft nach oben, zumal das auch das erste von mir allein verfasste Buch ist. Daher freue ich mich über Feedback jeglicher Art an miramento@outlook.com

Fall dir mein Buch gut gefallen hat, möchte ich dich bitten, bei Amazon eine positive Bewertung und gerne eine Rezension zu hinterlassen. Das hilft mir als „junger" Autor sehr, bei Amazon mehr Sichtbarkeit zu bekommen.

Vielen Dank schon einmal!

Daniel Jordan

9 Quellen und Literaturhinweise

Buchempfehlungen und Quellen

Cunningham, Ward (2001) Manifesto for Agile Software Development, Webseite besucht am 5. September 2021 http://agilemanifesto.org

Doerr John (2017) Measure what matters. Penguin Random House UK

Enzyklopedie der Wirtschaftsinformatik (2021), Webseite besucht am 18.04.2021, https://www.enzyklopaedie-der-wirtschaftsinformatik.de/wi-enzyklopaedie/lexikon/is-management/Systementwicklung/Vorgehensmodell/design-thinking

Hofert, Svenja (2018) Das agile Mindset – Mitarbeiter entwickeln, Zukunft der Arbeit gestalten. Springer Gabler

Laloux Frederic (2014) Reinventing Organizations. Nelson Parker

Leffingwell Dean (2011) Agile Software Requirements. Addison-Wesley Pearson Education

Leffingwell Dean (2018) SAFe Reference Guide 4.5. Pearson Addison-Wesley

Lewrick, Michael (2018) Design Thinking – Radikale Innovationen in einer digitalisierten Welt. C.H. Beck

Lewrick, Micheal / Link, Patrick / Leifer, Larry (2018) The Design Thinking Playbook – Mindful Digital Transformation of Teams, Products, Services, Businesses and Ecosystems. Wiley

Meffert, Heribert / Burmann, Christoph / Kirchgeorg, Manfred / Eisenbeiß, Maik (2018) Marketing – Grundlagen marktorientierter Unternehmensführung. Springer Gabler

Osann, Isabell / Mayer, Lena / Wiele, Inga (2020) Design Thinking Schnellstart – Kreative Workshops gestalten. Carl Hanser

Osterwalder, Alexander / Pigneur, Yves (2010) Business Model Generation. Wiley

Osterwalder, Alexander / Pigneur, Yves / Bernarda, Greg / Smith, Alan (2014) Value Proposition Design – How to create products and services customers want. Wiley

Ries, Eric (2011) The Lean Startup - How Constant Innovation Creates Radically Successful Businesses. Penguin Random House UK

Robertson, Brian J. (2015) Holacracy – The Revolutionary Management System That Abolisches Hierarchy. Penguin Random House UK

Scaled Agile Inc (2021) SAFe 5 for Lean Enterprises, Website besucht am 5. September 2021 https://www.scaledagileframework.com

Schwaber Ken & Sutherland Jeff (2020) The Scrum Guide. Webseite besucht am 14. März 2021 https://scrumguides.org/docs/scrumguide/v2020/2020-Scrum-Guide-US.pdf#zoom=100

Scrum.org (2021) The home of Scrum, Webseite besucht am 5. September 2021 https://www.scrum.org

Wikipedia.de (2021), Organisationskultur, Webseite besucht am 14. März 2021: https://de.wikipedia.org/wiki/Organisationskultur

WhatMatters.com (2021) OKRs, Webseite besucht am 5. September 2021 https://www.whatmatters.com / https://www.whatmatters.com/faqs/best-free-okr-tools-software/

Hinweis zu verwendeten Links und aufgelistete Homepages: Der Autor dieses Buches übernimmt keinerlei Verantwortung für die Inhalte der aufgeführten Webseiten. Dafür sind ausschließlich die Herausgeber dieser Seiten verantwortlich.

Illustrationen

Alle grafischen Highlights aus diesem Buch stammen von Stefanie Stroh, beste Freundin, engagierte Lehrerin und mächtig talentierte Illustratorin. Weitere tolle Illustrationen, Scetchnotes und Kontaktdetails gibt es auf

www.steffi-stroh.de

STEFFI STROH ILLUSTRATION

Zum Autor

Daniel Jordan. Ich bin hauptberuflich Product Owner eines DevOps-Entwicklerteams für den Aufbau und Betrieb einer Big Data Datenverarbeitungs- und Analyseplattform und nebenberuflich als Autor und Berater tätig. Durch meine langjährige Erfahrung in verschiedenen agilen Rollen aber auch im klassischen Projektmanagement u.a. als Programmleiter von Großprojekten, konnte ich tiefgehendes Wissen im Bereich Arbeitsorganisation und Führung aufbauen. Durch verständlich geschriebene und einfach zugängliche Sachbücher möchte ich einem breiten Publikum den Einstieg in innovative aber zugleich komplexe Themen erleichtern. Dabei konzentriere ich mich bewusst auf die wesentlichen Aspekte und verzichte auf, aus meiner Sicht, weniger relevante Details.

Wer mehr über mich wissen möchte, gespannt ist auf neue Projekte, ob Bücher oder Vorträge, kann gerne bei www.miramento.de vorbeischauen.

Danksagungen

Ich möchte

- meinen liebevollen Eltern für ihre immerwährende Unterstützung danken
- Corinne, äußerst engagierte Lehrerin, für die langjährige Freundschaft und das Querlesen des Ratgebers
- Steffi Stroh für unsere tolle Freundschaft und die schönen Illustrationen
- Udo Oelmann für das engagierte Coaching meines ersten agilen Großprojektes mit mehr als 50 Mitarbeitern und alles, was ich darüber hinaus von ihm lernen durfte
- meinem aktuellen Team Project Partner Data Solutions, der Einheit Data Intelligence, Zero One Data und DB Systel für den kollegialen wertschätzenden Umgang und das innovative Umfeld
- und dir wegen dem Kauf des Ratgebers ;-)